Inhaltsverzeichnis

Vorwort

Der Herbst ist für unsere Schülerinnen und Schüler* eine faszinierende Jahreszeit. Überall sind die Veränderungen in der Natur sehr intensiv wahrzunehmen. Der Reichtum der Natur wird gerade jetzt nur allzu deutlich:

- Die Blätter werden bunter und bunter und fallen dann ganz ab!
- Eichhörnchen und Igel bereiten sich intensiv auf den Winter vor!
- Viele Früchte werden reifer und reifer – es ist Erntezeit!
- Die Tage werden kürzer und kürzer – es wird windiger, morgens dunkler und öfter zieht Nebel auf.

Die Sinne werden gerade im Herbst besonders angesprochen. Kinder lieben es, mit Kastanien zu basteln, durch raschelndes Laub zu laufen, den Duft des Herbstes zu riechen und all die leuchtenden Farben zu sehen ...

Das erste bewusste Wahrnehmen von Werden und Vergehen im Laufe des Jahreskreises wird mit diesen Materialien aufgegriffen. Ziel unseres Unterrichts sollte es sein, unseren Schülern vielfältige Gelegenheiten zu verschaffen, um mit der Natur in Berührung zu kommen und über sie zu sprechen. Denn dabei kann die Liebe zur Natur entdeckt werden!

Dieses Material bietet vier große Themenschwerpunkte an. Das Kapitel **„Wir entdecken den Herbst“** (ab S. 6) dient als Einstieg und beschäftigt sich zunächst mit vielen sinnlichen Entdeckungen rund um den Herbst.

Die Kinder können eigenaktiv und unter Anleitung von Ihnen viele Erfahrungen zum Thema Herbst machen. Die nachfolgenden Kapitel

- **Die Kastanie im Herbst**
- **Eichhörnchen und Igel im Herbst**
- **Obst und Gemüse im Herbst**

vertiefen die angesprochenen Entdeckungen. Neben der Vermittlung von Sachwissen zum Thema „Herbst“ steht das Heranführen der Kinder an das offene Lernen im Mittelpunkt. Unsere Klassen werden in den letzten Jahren auch im Sinne des inklusiven Gedankens und durch die Zuwanderung vieler Kinder, die die deutsche Sprache noch sehr wenig beherrschen, immer heterogener und damit unsere Aufgabe immer anspruchsvoller, alle Kinder adäquat zu fördern. Die Erwartungen an uns Lehrer sind enorm hoch! Dieses differenzierte Material wird Ihnen hoffentlich helfen, Ihren Schülern gerecht zu werden.

Die Themen eignen sich demnach alle für den Einsatz im ersten Schuljahr. Jedes Themengebiet wird mit einer **Kernaufgabe** eingeführt. Diese sind allesamt mit einem methodisch-didaktischen Kommentar versehen. Die **zusätzlichen, teils differenzierten Aufgaben** stehen zur weiteren Auswahl zur Verfügung. Sie dienen dazu, die Inhalte zu vertiefen und das selbstständige Arbeiten der Kinder zu fördern. Die unterschiedlich schwierigen Übungen sorgen dafür, dass das Lernen Spaß macht, auch wenn es zugleich Arbeit bedeutet. Sie sind so differenziert, dass alle Kinder ihrer Lerngruppe ihren individuellen Anforderungen entsprechend lernen können. In den drei Themengebieten werden immer wieder bewusst die gleichen Aufgabentypen angeboten, um einen Wiedererkennungseffekt zu erreichen und somit das Vertrauen der Schüler in ihre eigenen Fähigkeiten zu stärken.

Eine **Bastelkartei,** eine große Vielzahl an unterschiedlichen **Schreib- und Erzählanlässen, Spielanregungen** für den Unterricht und ein **Selbsteinschätzungsbogen** runden das Gesamtkonzept ab.

Ich wünsche Ihnen und Ihren Schülern viel Spaß und Erfolg mit diesen Materialien.

Kathrin Zindler

Symbole für Rückmeldebogen, s. S. 5:

***Anmerkung:** Aus Gründen der besseren Lesbarkeit wird im Folgenden auf eine sprachliche Differenzierung der Geschlechterbezeichnungen verzichtet. Wir haben uns hier für die „neutrale“ Form entschieden. Selbstverständlich sind stets alle Geschlechter angesprochen.

Über das Arbeiten mit diesen Materialien

Die folgende Vorgehensweise hat sich bewährt:

1. Suchen Sie sich eines der drei Themen („Die Kastanie im Herbst“, „Eichhörnchen und Igel im Herbst“, „Obst und Gemüse im Herbst“) aus.
2. Steigen Sie mit einer oder mehreren **Lehreraufgaben (L)** in das Thema ein. Weitere Einstiegsideen finden Sie teilweise in den Anmerkungen zu den einzelnen Themenbereichen.
3. Die **Kernaufgabe (K)** des Themas sollte im Plenum durchgeführt werden. Hinweise dazu finden Sie in den Anmerkungen zu den einzelnen Themenbereichen.
4. Die **differenzierte Aufgabe** sichert das Basiswissen der Schüler und ermöglicht eine selbstständige Weiterarbeit an den folgenden Aufgaben. Die quantitative und qualitative Auswahl der folgenden Aufgaben können Sie individuell selbst treffen. Leichte Arbeitsblätter sind mit dem Symbol gekennzeichnet, besonders anspruchsvolle Arbeitsblätter mit dem Symbol .

Weitere Hinweise

- Die Arbeitsblätter können Sie oben rechts in den Bildern nummerieren.
- Die Kinder können sich eine Sammelmappe mit Deckblatt (s. S. 5) für die bearbeiteten Seiten anlegen.
- Der Rückmeldebogen (s. S. 5) ist so konzipiert, dass Sie Ihren Schülern zu vier spezifischen Bereichen (Umgang mit der Kernaufgabe = K, schriftliches Arbeiten = , visuelle Wahrnehmung = , Ausmalen und Zeichnen =) eine Rückmeldung geben können. Darüber hinaus können Sie bei „Deine Arbeit ist ...“ eine Beurteilung Ihres Gesamteindruckes mitteilen. Dieser Bogen kann von den Eltern unterschrieben werden.
- Zur Dokumentation des Lernfortschrittes erhält jedes Kind einen Arbeitspass (s. S. 4), den Sie folgendermaßen vorbereiten bzw. nutzen können:
  a) Im Sinne eines inklusiven Unterrichts kann der Arbeitspass sehr individuell gestaltet werden, indem Sie für jedes Kind einzeln einen Arbeitspass mit den Nummern der ausgewählten Aufgaben gestalten. Vereinfacht kann diese Variante auch durchgeführt werden, indem man die Klasse in unterschiedliche Leistungsgruppen einteilt.
  b) Die Kinder tragen selbstständig nach Bearbeitung die Nummern der Aufgaben in den Pass ein.
  c) Sie tragen alle Nummern der ausgewählten Aufgaben in den Pass ein und die Schüler malen nach der Bearbeitung das entsprechende Bild aus.
- Die **Schreib- und Erzählanlässe** (s. S. 62 – 64) können unterschiedlich genutzt werden:
  a) **Als Hausaufgabe:** Die Schüler suchen sich ein Bild aus, kleben es in ihr Heft oder auf ein Blatt Papier und schreiben Wörter, ganze Sätze oder kleine Geschichten zu den Bildern.
  b) **Als Einstieg in die einzelnen Themenbereiche:** Hierzu wird ein passendes Bild hochkopiert.
  c) **Als Kartei:** Die Bilder werden kopiert und laminiert und dienen als Grundlage für kreative Schreibanlässe.
  d) **Zur Gestaltung eines Geschichtenbuches:** Jedes Kind sucht sich ein Bild aus, klebt es in ein vorbereitetes Heft und schreibt eine kleine Geschichte, einen Satz oder einige Wörter dazu.
- Die **Bastelkartei** (s. S. 65 – 68) ist so gestaltet, dass die Schüler selbstständig einfache Anweisungen ohne Ihre Hilfe umsetzen können. Alle notwendigen Materialien und Handlungsschritte sind auf den Karten abgebildet.

Hinweise zur Bastelkartei (S. 65 – 68)

Kürbis-Monster (s. Bastelvorlage S. 66)

Sie können Ihren Schülern auch Vorlagen für den Stilansatz, Auge, Nase und Mund zur Verfügung stellen.

Regenschirm (s. Bastelvorlage S. 66)

Die Kinder können den Pappteller auch mit Wachsmalstiften, Acrylfarben, bunten Papierresten (z. B. Geschenkpapier) oder Glitzersteinchen gestalten.

Kastanien-Spinne und Kastanien-Igel (s. Bastelvorlage S. 67)

Beim Bohren der Löcher in die Kastanien sollte man sehr vorsichtig sein. Mit einem kleinen Handbohrer können dies die meisten Kinder schon ganz alleine. Wenn die Kinder sich die Löcher vorher mit einem Stift markieren und dann mit einer Prickelnadel ein kleines Loch vorbohren, verrutscht der Bohrer nicht mehr so schnell. Bohren Sie die Löcher nicht zu dicht aneinander, da ansonsten die Kastanie brechen könnte.

BVK • Kathrin Zindler: Der Herbst im Anfangsunterricht

Die Kastanie im Herbst

Arbeitspass von ______________________________

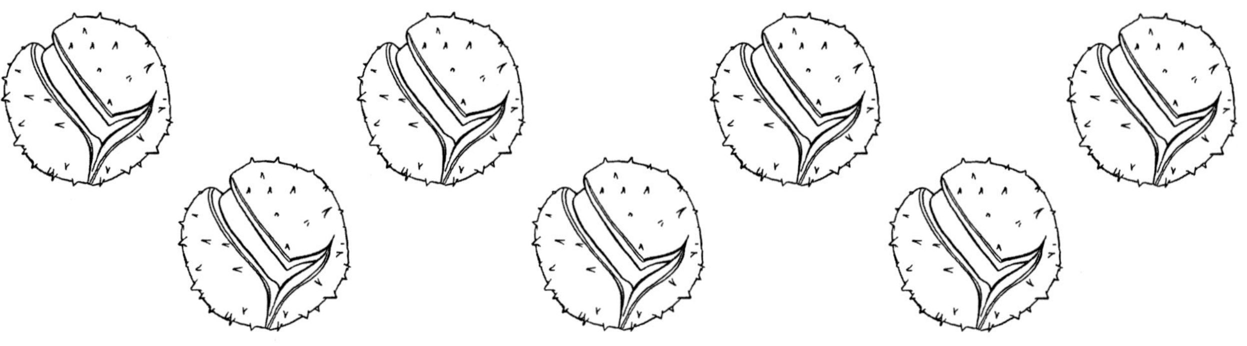

BVK • Kathrin Zindler: Der Herbst im Anfangsunterricht

Eichhörnchen und Igel im Herbst

Arbeitspass von ______________________________

BVK • Kathrin Zindler: Der Herbst im Anfangsunterricht

Obst und Gemüse im Herbst

Arbeitspass von ______________________________

BVK • Kathrin Zindler: Der Herbst im Anfangsunterricht

✂ ....

Rückmeldung für

____

Hier Symbol des Themenbereichs einkleben (s. S. 2)

K			(Stift)			(Auge)			(Pinsel)			Deine Arbeit ist …		
☺	😐	☹	☺	😐	☹	☺	😐	☹	☺	😐	☹	☺	😐	☹

Mir ist aufgefallen ____

____

Datum: ____________________ ____________________

Unterschrift der Eltern

BVK • Kathrin Zindler: Der Herbst im Anfangsunterricht

Einstieg: Wir entdecken den Herbst

L

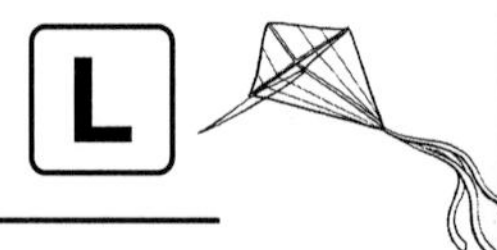

Die Naturerscheinungen des Herbstes können die Kinder unmittelbar erleben. Die Tage werden kühler und kürzer. Morgens auf dem Schulweg ist es noch dunkel. Besonders bei schlechter Witterung ist es wichtig, dass die Kinder angemessene Kleidung tragen. Diese muss hell, wärmend und nässeschützend sein. Für die Kinder bieten gleichzeitig die bunt gefärbten Blätter an den Bäumen ein tolles Naturschauspiel. Draußen auf dem Schulgelände oder in nahegelegenen Parkanlagen oder Gärten können die Kinder viele Phänomene des Herbstes direkt entdecken. Die im Folgenden aufgeführten Unterrichtsbeispiele ermöglichen Ihren Schülern einen ganzheitlichen Zugang:

Ideen für den gemeinsamen Unterricht

Herbstboten, S. 11:
Die Seite können Sie zum Einsatz mit der Klasse auch auf eine Folie kopieren. Zeigen Sie Ihren Schülern das Bild und lassen Sie sie zunächst erst einmal frei erzählen. Anschließend können Sie folgende Suchaufträge stellen:
Suchaufträge:
Was hält der Junge in der Hand?
Was sammelt das Mädchen?
Wie viele Strohballen liegen vor dem Anhänger?
Welche Tiere siehst du auf dem Bild?
Wie viele Kürbisse liegen auf dem Anhänger?
Welche verschiedenen Bäume siehst du?

Ausstellungs-Tisch:
Damit die Kinder für die Veränderungen in der Natur im Herbst sensibilisiert werden, sammeln sie im Außengelände oder während eines Spazierganges bunte Blätter, Eicheln, Kastanien, Bucheckern usw. Die gesammelten Naturmaterialien des Herbstes werden dann auf einem Ausstellungstisch vorgestellt. Lassen Sie Ihre Schüler von den Funden berichten und beschriften Sie nach und nach die Fundstücke. Sie können die Materialien auch nach Form, Größe oder Artzugehörigkeit mit den Kindern sortieren.

Ein kleines Feld Herbst:
Bei einem Ausflug mit den Kindern in einen Wald oder in einen Park können Sie sie in einem abgesteckten Bereich (**Tipp:** Der Bereich sollte für die Kinder überschaubar bleiben!) den Herbst entdecken lassen. Hierzu können Sie die Kinder freie Entdeckungen machen lassen oder die Entdeckerkarten „Suche etwas, das …" (S. 15) benutzen.

„Suche etwas, das …", S. 15:
Die Entdeckerkarten können Sie den Kindern einzeln oder als ganzen Satz als Suchaufträge zur Verfügung stellen. Wählen Sie bitte hierbei passende Suchaufträge für Ihre Kinder bzw. Ihre Schulumgebung aus. Die Kinder können die Gegenstände als vorbereitende bzw. nachbereitende Hausaufgabe oder im gemeinsamen Unterricht sammeln.
Tipp: Um den Kindern die Suchaufträge zu erleichtern, sollten Sie die Bilder auf den Karten vorab in den entsprechenden Farben ausmalen.

Herbstspaziergang mit den Kindern:
Ein Spaziergang in eine nahe gelegene herbstliche Landschaft (Schulhof, Park, Wald, Wiese) ist eine einfache Möglichkeit, den Kindern die Natur näherzubringen. Rüsten Sie sich und die Kinder mit Beuteln zum Sammeln von Material aus. Mit Becherlupen oder einfachen Lupen können die Kinder auf Entdeckungen gehen. **Tipp:** Entdeckerkarten „Suche etwas, das …" (S. 15) nicht vergessen!

BVK • Kathrin Zindler: Der Herbst im Anfangsunterricht

Einstieg: Wir entdecken den Herbst

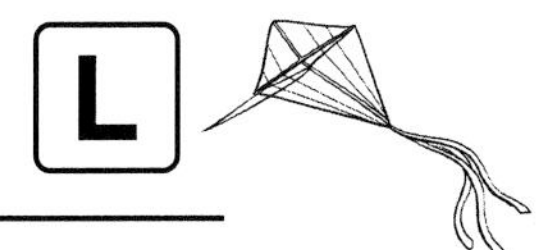

„Meine Kleidung im Herbst" und „So sieht man mich in der Dunkelheit" S. 12, 13:
Durch diese beiden Aufgaben sollen die Kinder für die Gefahren rund um das Wetter im Herbst sensibilisiert werden. Die Kinder erkennen, dass falsche Bekleidung Erkältungsgefahr mit sich bringt. Ebenso führt zu dunkle Kleidung zu einer erhöhten Unfallgefahr durch schlechte Sichtbarkeit. Zusätzlich sollten Sie im Unterricht mit den Kindern thematisieren, wie wichtig Reflektoren an der Kleidung und am Tornister sind. Viele weitere Ideen hierzu finden Sie im Heft „Ich im Straßenverkehr" (BVK Buch Verlag Kempen, 2018).

„Finde die Fehler", S. 14:
Dieses Arbeitsblatt ist noch einmal zur Vertiefung gedacht. Die Schüler können fünf inhaltliche Fehler (Kind in Sandale, Kind im Bikini, Kind hat nur einen Gummistiefel an, Kind in kurzer Hose und Kind im Sommerkleid) und fünf Auslassungen finden. Diese Seite können Sie natürlich auch zum Einsatz mit der Klasse auf eine Folie kopieren.

Herbstverse mit viel Bewegung:
Im Internet findet man viele kleine Fingerspiele bzw. Bewegungsgeschichten, die man mit den Kindern als Bewegungspause oder zum Einstieg in die Thematik gut nutzen kann:
- Habt ihr schon den Herbst gesehen? *www.t1p.de/kleine-strolche-suckow*
- Der Herbst, der Herbst, der Herbst ist da!
  www.lehrerlinks.net/hasenklasse-blogspot-de/der-herbst-ist-da.html
- Der Herbstwind, der braust! *www.kleine-strolche-suckow.de/Der%20Herbstwind.pdf*
- Igelmutter *www.kita-turnen.de/igelmutter-fingerspiel-fuer-den-herbst/*

Wettermassage auf dem Rücken eines Mitschülers:

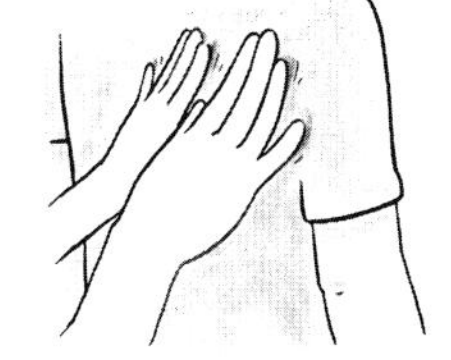

Als kleine Entspannungspause im Unterricht oder als Einstieg in die Thematik „Herbst" bieten sich auch Partnermassagen an. Dazu setzt sich ein Kind umgekehrt auf einen Stuhl und blickt dabei zur Stuhllehne. Das andere Kind stellt sich dahinter und massiert den Rücken (nicht die Wirbelsäule!) seines Partners entsprechend des Wetterberichtes durch die Lehrkraft.
Die Massage sollte in einer entspannten Atmosphäre durchgeführt werden. Dazu können Sie zum Beispiel ruhige, entspannende Musik im Hintergrund laufen lassen. Vor Beginn sollten Sie mit Ihren Schülern am besten noch verschiedene Wetterformen besprechen und sich ggf. Massagebewegungen dazu überlegen. Der Fantasie sind dabei keine Grenzen gesetzt! Beispiele für mögliche Wetterberichte und entsprechende Handlungsanweisungen finden Sie auf Seite 8.

Achtung: Bitte klären Sie vorher ab, ob das jeweilige Kind eine Massage möchte und welche Berührungen es evtl. als unangenehm empfindet!

Fühlsack mit herbstlichen Gegenständen:

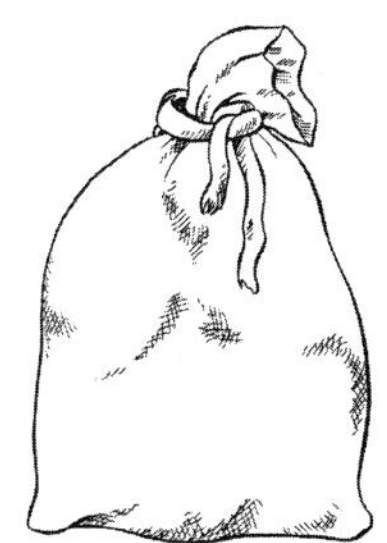

Füllen Sie einen Sack oder einen Beutel mit unterschiedlichen Gegenständen des Herbstes (Obstsorten, Gemüsesorten, Kastanien, Blätter ...). Die Schüler sitzen im Stuhlkreis. Der Fühlsack geht im Kreis herum und jeder Schüler versucht Gegenstände, die sich darin befinden, nur durch Fühlen zu erkennen. Im Anschluss nennen die Schüler die Gegenstände, von denen sie denken, sie gefühlt zu haben. Anschließend wird der Fühlsack ausgeschüttet und verglichen, ob die Vermutungen richtig waren.

BVK • Kathrin Zindler: Der Herbst im Anfangsunterricht

Mögliche Wetterberichte:

L 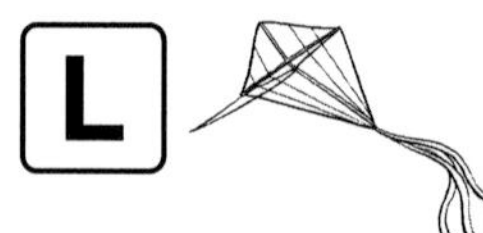

	leichter Regen	zart mit den Fingern auf den Rücken klopfen
	starker Regen	fester mit den Fingern auf den Rücken klopfen
	Hagel	das Klopfen vorsichtig verstärken und beschleunigen
	Blitze	Zick-Zack-Striche auf den Rücken malen
	Donner	mit den Fäusten vorsichtig auf den Rücken trommeln
	Sonnenschein	die Hände aneinander reiben und dann beide auf den Rücken legen
	leichter Wind	mit den Handflächen langsam über den Rücken reiben
	starker Wind	mit den Handflächen schnell über den Rücken reiben
	Sturm	mit den Handflächen schnell und mit mehr Druck über den Rücken reiben
	Nebel	sehr langsam mit beiden Handflächen über den Rücken streicheln

Bewegungsgeschichte: Herbstspaziergang

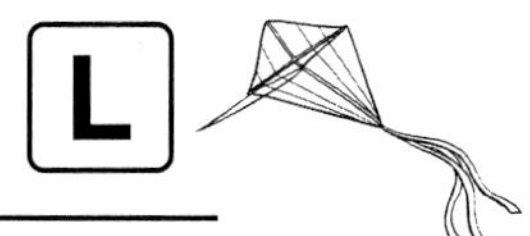

Die Schüler versammeln sich im Stehkreis (Klassenraum oder Turnhalle). Lesen Sie die Geschichte erst langsam, ab dem zweiten Teil dann schneller vor. Machen Sie bitte die entsprechenden Handlungen (pantomimische Bewegungen) vor oder überlegen Sie sich eigene Handlungsanweisungen.

Teil 1:

Erzähltext	**Handlungsanweisung**
Es ist ein wunderschöner Herbstmorgen. Auf den Wiesen ist es noch etwas feucht, deshalb ziehen wir besser feste Schuhe an.	*rechten und linken Schuh anziehen*
Lasst uns gemeinsam einen Spaziergang machen!	*auf der Stelle laufen*
Die Sonne scheint und der Wind weht sachte durch die Bäume.	*die Arme hochheben und leicht im Wind hin- und herbewegen*
Die Blätter der Bäume fallen langsam von den Bäumen herunter.	*Arme von oben auf den Boden führen*
Die Blätter tanzen um uns herum.	*langsam herumtanzen*
Die kühle Herbstluft tut uns gut und wir atmen sie tief ein.	*tief einatmen*
Es ist ganz still draußen.	*eine Hand horchend an das Ohr legen*
Wir gehen weiter in den Wald hinein.	*auf der Stelle laufen*
Wir kommen auf eine Lichtung (Wiese). Die Wiese ist noch nass, weil es in der Nacht geregnet hat. Wir müssen mit großen Schritten durchlaufen.	*große Storchenschritte auf der Stelle machen*
Ein Baumstamm liegt auf der Wiese. Wir balancieren darüber.	*einen Fuß vor den anderen setzen*
Oben am Himmel sehen wir auf einmal einen riesigen Vogelschwarm, der sich auf den Weg in den Süden macht. Wir schauen zum Himmel hinauf.	*Hand an die Stirn legen und nach oben schauen*
Wir gehen weiter in den Wald hinein. Wir kämpfen uns durch das Dickicht.	*Bewegung, als würde man etwas vor sich aus dem Weg schieben*
Plötzlich sehen wir ein Eichhörnchen, das am Stamm eines Baumes hinaufläuft.	*nach oben gucken und mit dem Finger auf etwas zeigen*
Wir kommen immer tiefer in den Wald hinein. Hier liegt eine Menge nasses Laub unter den Bäumen. Wir müssen die Füße etwas höher nehmen, um nicht auszurutschen und das Laub vor uns herzuschieben.	*Füße beim Gehen etwas höher nehmen*

BVK • Kathrin Zindler: Der Herbst im Anfangsunterricht

Bewegungsgeschichte: Herbstspaziergang

L 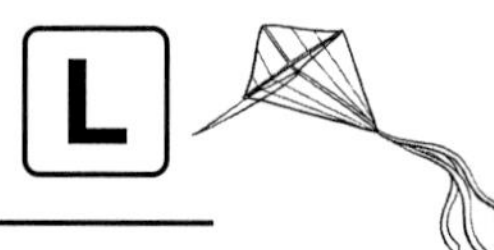

Ein Stück weiter liegen ganz viele Bucheckern, Eicheln und Kastanien auf dem Boden. Vorsichtig gehen wir weiter und schauen dabei auf den Boden.	*auf den Boden schauen und ganz vorsichtig gehen, dabei die Füße etwas höher nehmen*
Am Ende des Waldes wird das Laub weniger, Kastanien, Bucheckern und Eicheln sind kaum noch da und man kann wieder normal gehen.	*auf der Stelle gehen und nach links und rechts schauen*
Was für ein schöner Spaziergang!	*Arme nach oben strecken und glücklich lächeln*

Teil 2:

Doch plötzlich kommt ein starker Wind auf.	*fest pusten*
Im Herbst kann es sehr stürmisch werden und stark regnen. Wir machen uns ganz schnell auf den Rückweg.	*schnelle Schritte machen*
Zuerst müssen wir vorsichtig, aber schnell über die vielen Kastanien, Bucheckern und Eicheln zurückgehen.	*Füße etwas höher nehmen und schneller den Kopf hin- und herdrehen*
Schon sind wir bei dem hohen und nassen Laub angekommen.	*Füße beim Gehen etwas höher nehmen, nun aber schneller als vorher*
Das Eichhörnchen sitzt immer noch hoch oben im Baum.	*schnell nach oben gucken und mit dem Finger auf etwas zeigen*
Wir kämpfen uns erneut durch das Dickicht.	*schnelle Bewegung, als würde man etwas vor sich aus dem Weg schieben*
Von dem riesigen Vogelschwarm ist nichts mehr zu sehen. Die Vögel haben sich vor dem schlechten Wetter bestimmt in Sicherheit gebracht.	*Hand schnell an die Stirn nehmen und nach oben schauen und den Kopf schütteln*
Der Wind wird immer stärker.	*noch fester pusten*
Schnell sind wir zurück an dem Baumstamm. Wieder müssen wir darüber balancieren.	*schneller einen Fuß vor den anderen setzen*
Bei der großen Wiese angekommen, ist diese immer noch nass. Mit riesigen, schnellen Schritten laufen wir darüber hinweg.	*schneller Storchenschritt*
Der Wind weht die Blätter wild durcheinander.	*schnell tanzen*
Puh, geschafft! Endlich kommen wir am Waldrand an. Von hier zur Schule ist es nicht mehr weit.	*auspusten*

Herbstboten

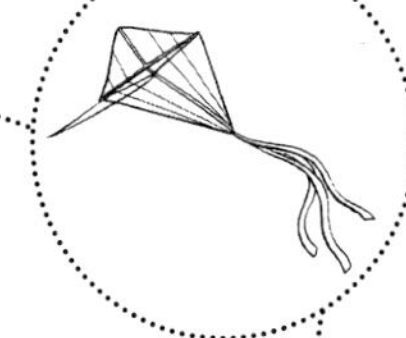

Meine Kleidung im Herbst

BVK • Kathrin Zindler: Der Herbst im Anfangsunterricht

So sieht man mich in der Dunkelheit

BVK • Kathrin Zindler: Der Herbst im Anfangsunterricht

Finde die Fehler

BVK • Kathrin Zindler: Der Herbst im Anfangsunterricht

Wir entdecken den Herbst – „Suche etwas, das …“

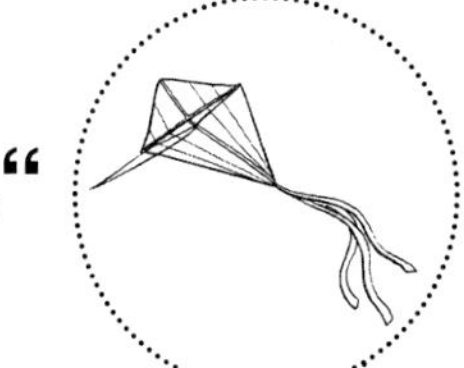

Suche etwas, das weich ist … 	Suche etwas, das hart ist … 
Suche etwas, das rot ist … 	Suche etwas, das grün ist … 
Suche etwas, das gelb ist … 	Suche etwas, das orange ist … 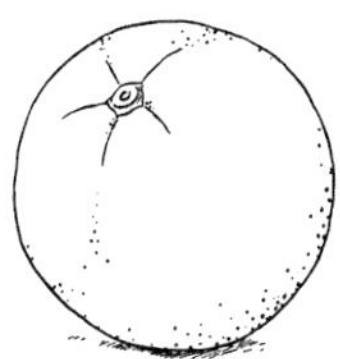
Suche etwas, das aus Holz ist … 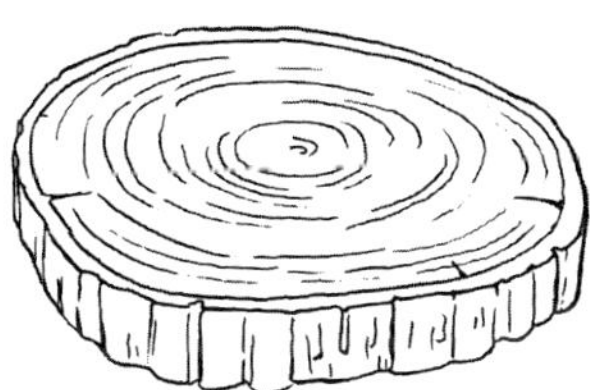	Suche etwas, das dir besonders gut gefällt … 
Suche etwas, das spitz ist … 	Suche etwas, das rund ist … 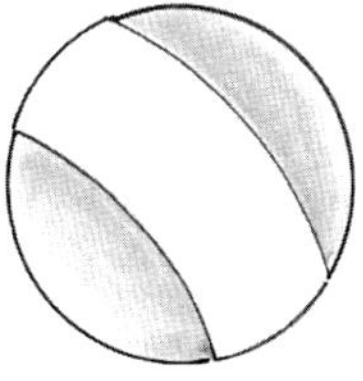
Suche etwas, das bunt ist … 	Suche etwas, das besonders herbstlich ist … 

BVK • Kathrin Zindler: Der Herbst im Anfangsunterricht

Themengebiet: Die Kastanie im Herbst

Lernziel:
Die Schüler vertiefen ihr Wissen über die charakteristischen Eigenschaften der (Ross-)Kastanie (Blätter und Früchte). Die Fachbegriffe Blatt, Frucht, Schale, Samen, Stachel und Baum werden nach der Bearbeitung der Einheit sicher beherrscht.

	Art der Aufgabe	Name der Aufgabe	Seite
L	Einstieg	Kastanien-Gedichte	18
L	Einstieg	Bewegungsgeschichte „Die kleine Kastanie“	19
K	Kernaufgabe	Bilderrätsel rund um die Kastanie	20
K	differenzierte Arbeitsblätter zur Kernaufgabe	Was gehört zusammen?	22
	fächerübergreifende Arbeitsaufträge	Partnersuche	24
		Verbinde!	25
		Was ist das?	26
		Was gehört nicht dazu?	27
		Höre genau!	28
		Wer bin ich?	29
		Wörterrätsel	30

Bekannt sind die Kastanienbäume im Wesentlichen durch ihre stacheligen Schalenfrüchte, die im Herbst von den Bäumen fallen und die Samen, die Kastanien, freigeben. Wir sagen zu den Samen und zu dem Baum Kastanie. Hier sollten Sie darauf achten, dass den Kindern diese synonyme Verwendung deutlich ist. In diesem Kapitel geht es um die Rosskastanie, die viele Kinder aus ihrer Lebenswirklichkeit kennen.

Einstiegsmöglichkeiten bzw. Spielideen rund um das Thema

Arbeit mit der Kernaufgabe „Bilderrätsel rund um die Kastanie“, S: 20 / 21:
Sie können mit der Kernaufgabe in das Kapitel „Die Kastanie im Herbst“ einsteigen. Kopieren Sie dazu bitte die sechs Bilder und die Bildausschnitte rund um den Kastanienbaum möglichst groß. Befestigen Sie die Bildausschnitte auf der einen Seite der Tafel, die Bilder der Baumteile und deren Fachbegriffe sollten zu Beginn verdeckt sein. Die Bildausschnitte sind für die Kinder besonders interessant, da es nicht offensichtlich ist, um was es sich handeln könnte. Rätseln macht Spaß! Lassen Sie die Kinder zunächst einmal vermuten, was es sein könnte. Decken Sie etwas zeitversetzt die kompletten Bilder der Baumteile auf. Die Kinder werden bestimmt einen Zusammenhang zwischen den Bildern sehen und entsprechende Paare finden. In einem zweiten Schritt heften Sie bitte die sechs Schilder (der Baum, die Frucht, der Stachel, der Samen, das Blatt und die Schale) an die Tafel. Die Kinder werden diese erste Annäherung an die fachlich richtige Bezeichnung aufgrund der Auswahl des Kastanienbaumes, den sie aus ihrer Lebenswirklichkeit kennen, bestimmt können. In der nun folgenden Arbeitsphase können die Kinder die differenzierte Kernaufgabe bearbeiten.
Tipp: Die Anschaulichkeit wird durch reale Blätter und Früchte erhöht!

Kleine Ideen rund um die Kastanie

- **Kastanien sammeln als Hausaufgabe:** Kinder lieben es, Kastanien zu sammeln. Geben Sie dies als Hausaufgabe auf und Sie werden sich wundern, wie viele Kastanienfrüchte von den Kindern gefunden werden!
- **Kastanien zählen:** Lassen Sie die Kinder die Kastanien zählen. Wie weit kommen sie? Wer hat die meisten? Wer hat die größte Kastanie? Wer hat die schwerste Kastanie? Die schönste Kastanie werden sie alle haben!

BVK • Kathrin Zindler: Der Herbst im Anfangsunterricht

Themengebiet: Die Kastanie im Herbst

- **Kastanien sortieren nach frei gewählten Kriterien:** Kastanienfrüchte sehen nicht alle gleich aus. Die Kinder können sie nach der Größe, nach der Form oder nach der Farbe frei sortieren.
- **Kastanienbilder legen:** Formen, Häuser, Tiere, Blumen … jeder kann legen, was immer er will.
- **Mit Kastanien basteln:** Mit Kastanien kann man die tollsten Tiere basteln. Anregungen dazu finden Sie in der Bastelkartei auf der Seite 67.
- **Kastanienmeditation:** Zwei einfache Meditationen zur Kastanie finden Sie zum Beispiel im Heft „Der Baum im Anfangsunterricht" (BVK Buch Verlag Kempen, 2018) auf Seite 23.

Kastaniensport

- **Kastanienweitwurf bzw. Kastanienzielwurf:** Wie weit können die Kinder eine Kastanie werfen? Sie können auf dem Schulhof oder in der Turnhalle auch einen Behälter aufstellen (z. B. Eimer, Korb, Kiste, Karton) und die Kinder auf das Ziel werfen lassen.
- **Kastanien mit verschiedenen Körperteilen rollen:** Die Kinder rollen die Kastanien mit dem Fuß, den Händen, dem Kopf usw. über den Boden. Die Kinder entwickeln immer weiter eigene Ideen.
- **Kastanien balancieren:** Die Kinder legen sich eine Kastanie auf den Kopf und versuchen, diese auf dem Kopf zu behalten. Hierbei werden die Kinder wiederrum neue Balancierübungen erfinden können.
- **Kastanien-Lauf:** Die Kinder legen wie beim Eierlaufen eine Kastanie auf einen Löffel und müssen eine festgelegte Strecke ablaufen (rennen, kriechen …).
- **Kastanien-Staffel:** Anstatt eines Staffelstabes wird eine Kastanie genutzt.
- **Kastanien-Beute:** Für jedes Kind wird ein Reifen als Insel auf dem Boden der Turnhalle ausgelegt. Außerhalb der Reifen liegen mehrere Kastanien auf dem Boden. Jedes Kind begibt sich in einen Reifen. Wenn die Musik startet, verlassen die Kinder ihre Inseln und bewegen sich frei im Raum. Stoppt die Musik, schnappt sich jedes Kind eine Kastanie und bringt diese in seinen Reifen. Danach startet die Musik erneut. Je weniger Kastanien noch ausliegen, umso schneller müssen die Kinder versuchen, noch eine zu bekommen. Wer am Ende die meisten Kastanien hat, hat gewonnen!
- **Kastanien-Boccia:** Ziel dieses Spiels ist es, einer Holzkugel (Sandsäckchen, Reifen) so nah wie möglich mit einer geworfenen oder gerollten Kastanie zu kommen. Jedes Kind bekommt eine bestimmte Anzahl an Kastanien. Der Zielgegenstand wird geworfen. Aus einigen Metern Entfernung versuchen die Kinder nun, abwechselnd so dicht wie möglich Kastanien an das Ziel zu werfen / zu rollen.

Kastanien-Rätsel: „Wer bin ich?"

Dieses leichte Rätsel eignet sich sehr gut für den Einstieg in den gemeinsamen Unterricht. Lesen Sie dazu das Rätsel vor und lassen Sie die Kinder anschließend raten, um welchen Gegenstand es sich handeln könnte.

Wer bin ich?
Ich habe Stacheln wie ein Igel!
Ich bin aber kein Tier.
Meine Stacheln sind grün.
Wenn meine Schale aufplatzt, habe ich keine Stacheln mehr.
Ich bin dann glatt, rund und braun.
Ich glänze wunderschön.
Du findest mich an Straßen, in Gärten und in Parks.
Manche Tiere fressen mich.
Du darfst mich nicht essen!
Wenn ich liegen bleibe, kann ich zu einem neuen Baum werden.
Hast du eine Idee, wer ich bin?

BVK • Kathrin Zindler: Der Herbst im Anfangsunterricht

Kastanien-Gedichte

Kleine Gedichte und Reime gehören zu den ersten sprachlichen Erfahrungen, die viele Kinder machen. Kinder sind schon früh vertraut mit Sprüchen, Reimen, Schlafliedern, Abzählversen und Fingerspielen. Die Bedeutung von Gedichten für den kindlichen Spracherwerb und auch Zweitspracherwerb ist damit immens. Kinder sprechen oft Verse vor sich hin, ohne deren Bedeutung zu kennen oder komplett zu verstehen. Das ist auch nicht wichtig. Vielmehr lieben sie den Rhythmus und den Klang der Sprache. Zum Thema Kastanien gibt es viele einfache Gedichte, die man mit Kindern schnell auf verschiedene Art und Weise bearbeiten kann. Man kann sie sich vorlesen lassen oder selber lesen, malen, spielen, verändern, schreiben, singen, vertonen, übersetzen, erleben, nacherzählen, bauen, zerschneiden … und damit interpretieren.
Folgende Gedichte lassen sich gut als Einstieg oder in gemeinsamen Phasen des Unterrichts nutzen:

Mein grünes Dach ist ganz schön groß
und lass ich meine Früchte los,
fall'n stachelige Hüllen auf die Erde,
den glatten Inhalt sammeln Kinder gerne.

(Silke Krome)

Meine Blätter haben fünf Finger,
an meinen Ästen hängen stach'lige Dinger.
Im Herbst, da lass ich sie runterfallen
und wenn sie auf die Erde knallen
oder auf das Dach vom Haus,
dann kullern glatte Früchte raus.

(Silke Krome)

Bewegungsgeschichte „Die kleine Kastanie“

Für die Bewegungsgeschichte sollten die Kinder sich frei im Klassenraum (evtl. Turnhalle) bewegen können und genug Platz haben. Jedes Kind hat eine Kastanie in der Hand. Im Vorfeld sollten die Bewegungsanweisungen mit den Kindern geklärt werden. Die Schüler müssen genau zuhören und die vereinbarten Bewegungen an den entsprechenden Stellen ausführen. Zur Unterstützung können Sie die Bildanweisungen visualisieren. Zunächst ist die Lehrkraft der Erzähler, später können diese Aufgabe die Kinder übernehmen. Die Illustrationen helfen dem Erzählkind bei der Reihenfolge.

Erzähltext	**Handlung**	**Bildanweisung**
Du bist ein Kastanienbaum und stehst fest in der Erde.	Beine fest auf den Boden stampfen	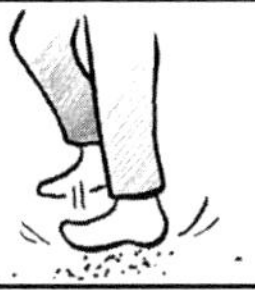
Du bist ein sehr großer Kastanienbaum.	mehrmals recken und strecken	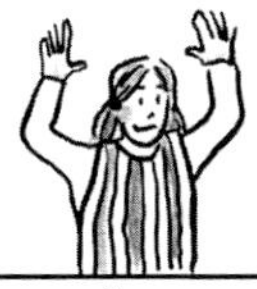
Du bist ein riesiger Baum.	strecken und auf die Zehenspitzen stellen	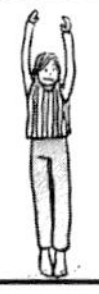
Es ist Herbst und der Wind wiegt dich hin und her.	Arme ausgestreckt halten und hin- und herwiegen	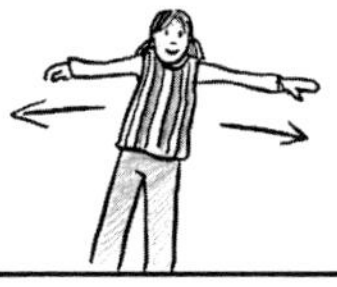
Ganz hoch oben (in der Baumkrone) hängt noch eine kleine Kastanie.	Kastanie zwischen den Fingern so hoch wie es geht halten	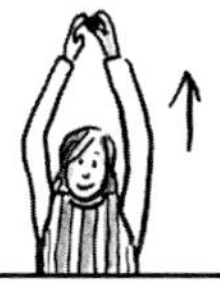
Der Wind wird stärker und stärker.	Kastanie zwischen beiden Händen hoch ausgestreckt festhalten und dabei hin- und herwiegen	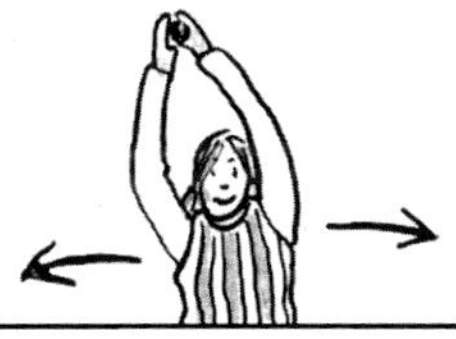
Mit letzter Kraft hält sich die Kastanie fest!	Kastanie fest zwischen den Händen pressen und am ganzen Körper zittern	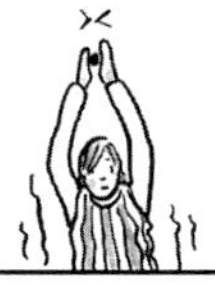
Mit einem Mal reißt der Wind die Kastanie los und sie fällt auf den Boden.	Kastanie auf den Boden fallen lassen	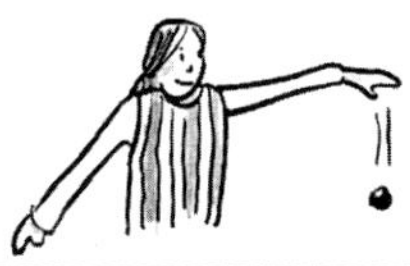
Die kleine Kastanie rollt und rollt.	Kastanie mit der flachen Hand über den Boden rollen	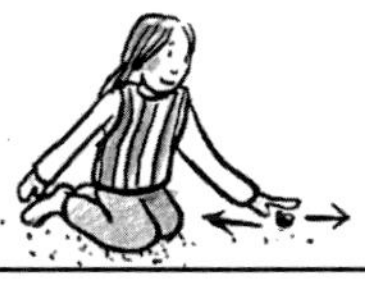
Irgendwann hat sie genug gesehen und legt sich müde ins Gras.	Kinder rollen sich mit der Kastanie ein	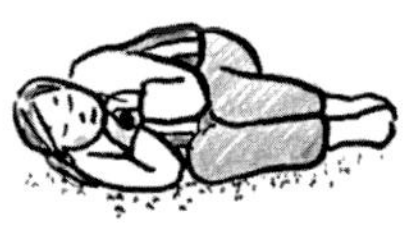

Bilderrätsel rund um die Kastanie (1)

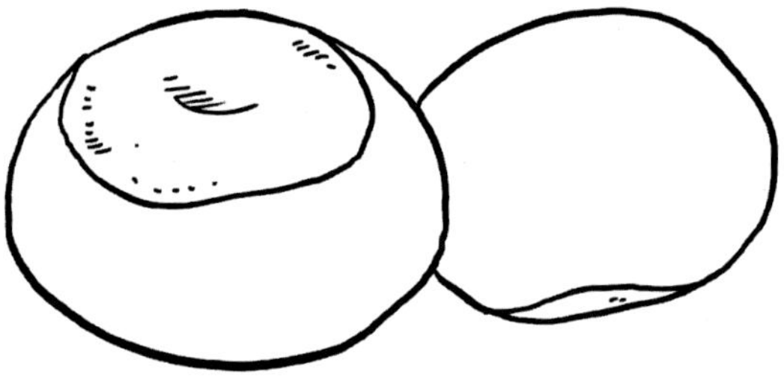

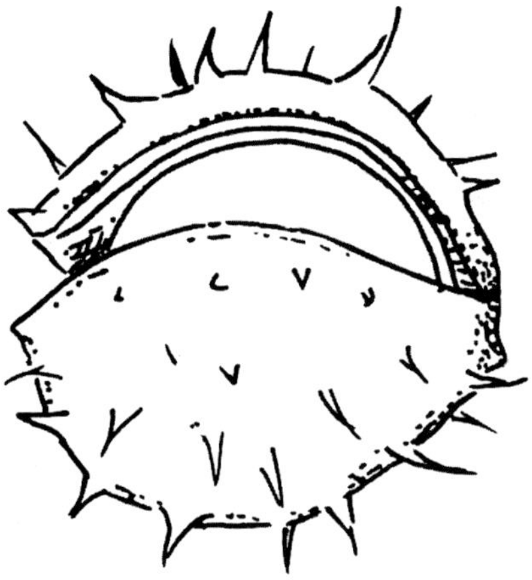

BVK • Kathrin Zindler: Der Herbst im Anfangsunterricht

Bilderrätsel rund um die Kastanie (2)

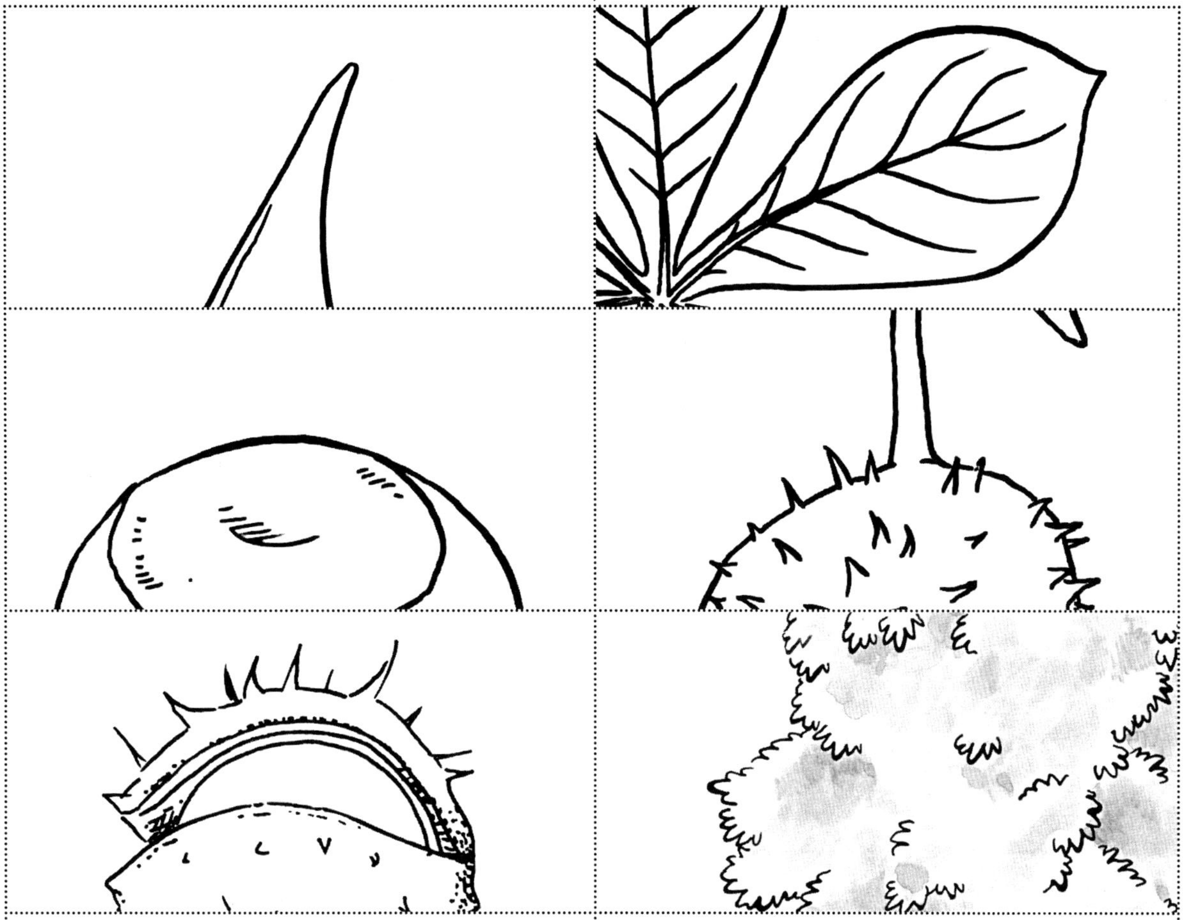

der Baum	die Frucht
die Schale	der Samen
das Blatt	der Stachel

Was gehört zusammen?

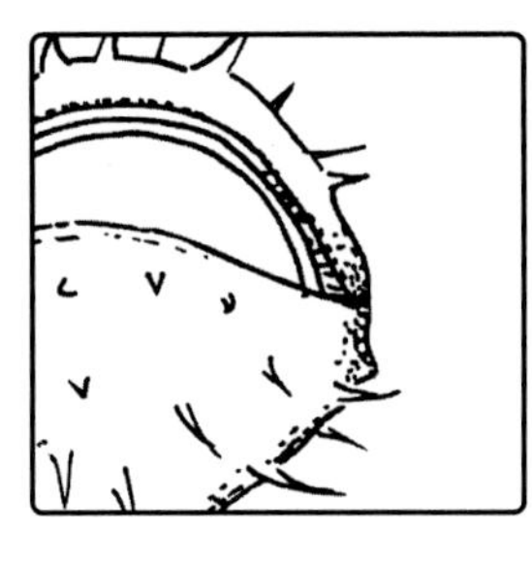

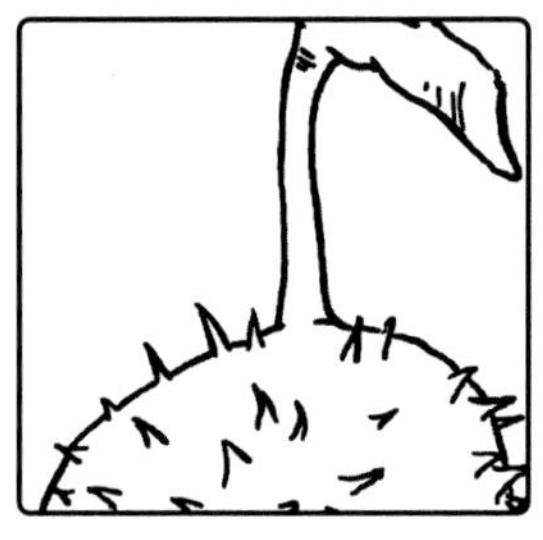

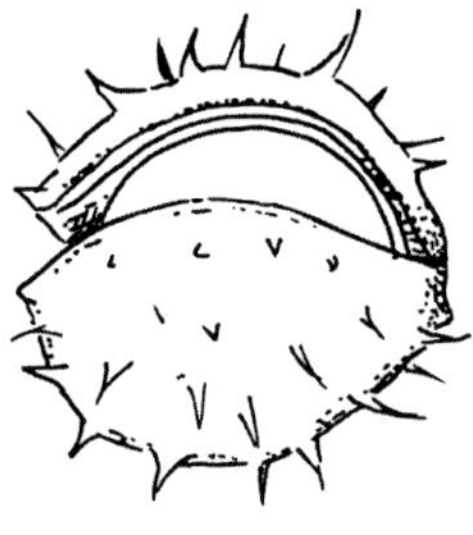
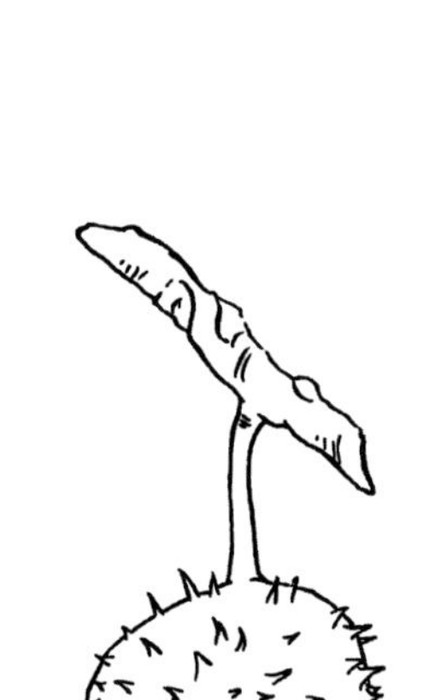

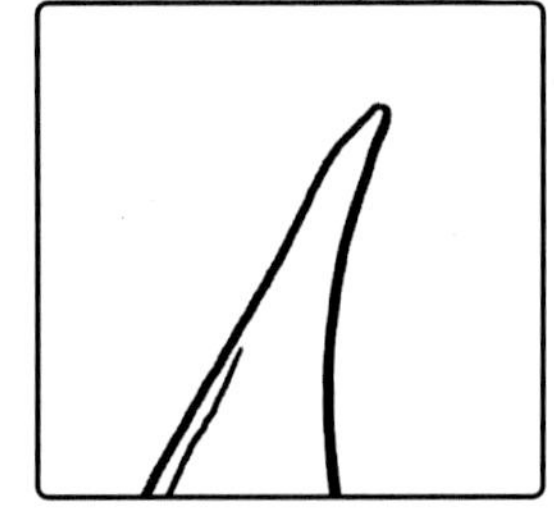

BVK • Kathrin Zindler: Der Herbst im Anfangsunterricht

Was gehört zusammen?

die Frucht	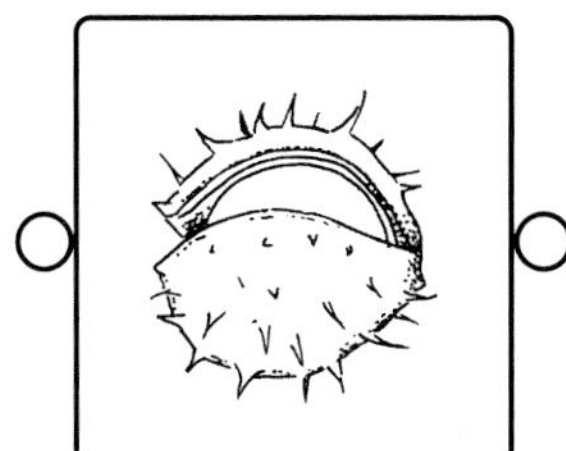	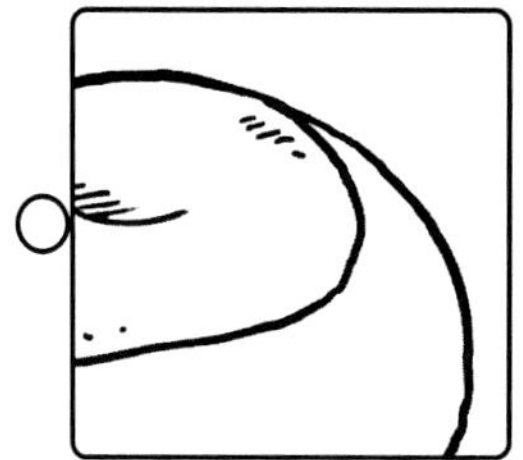
die Schale	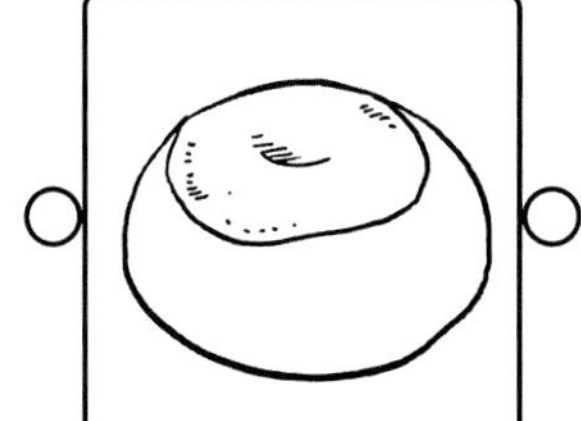	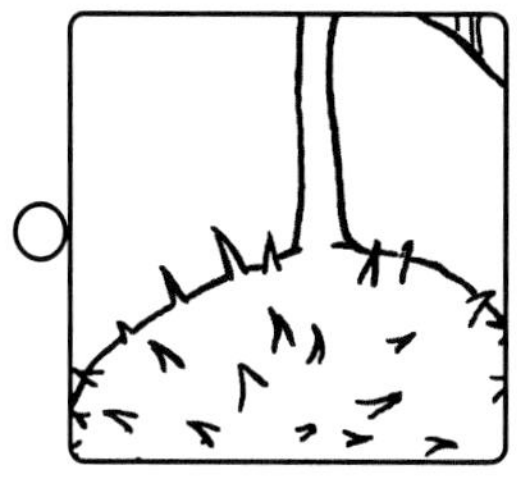
der Samen		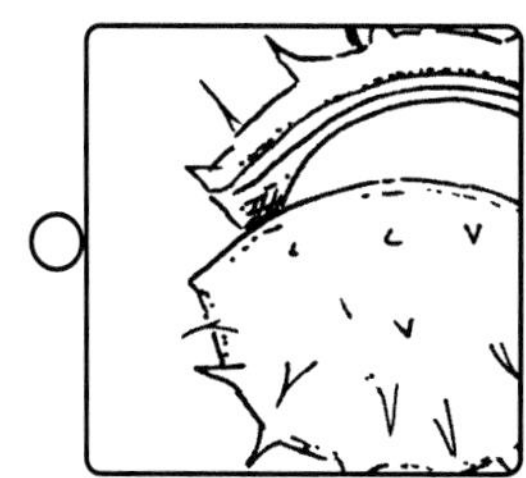
der Baum	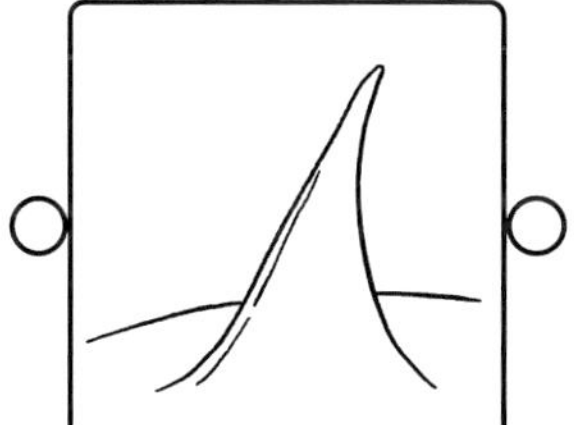	
das Blatt		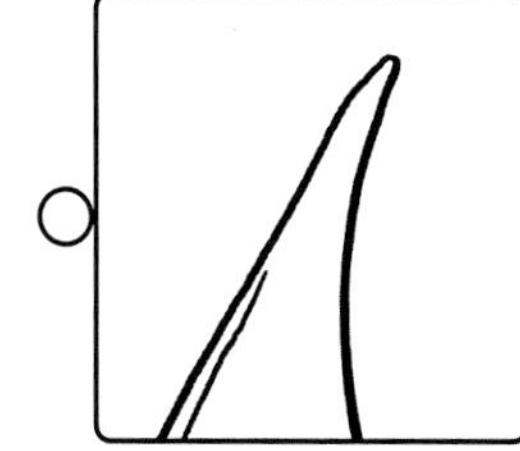
der Stachel		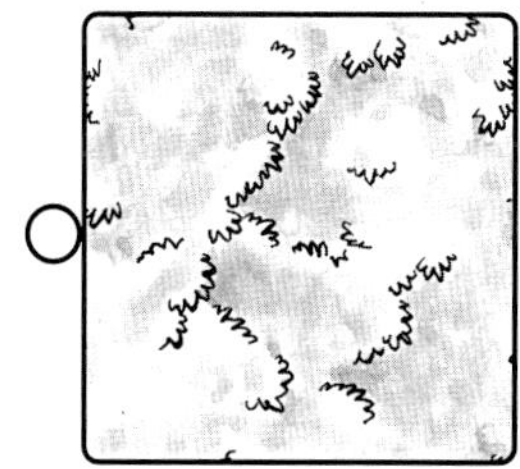

BVK • Kathrin Zindler: Der Herbst im Anfangsunterricht

Partnersuche

Verbinde!

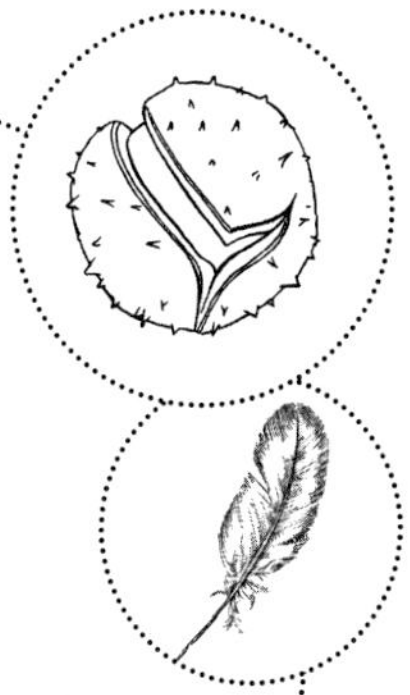

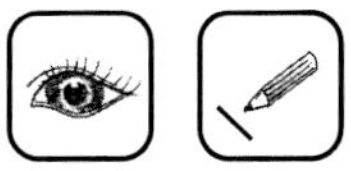

B

S

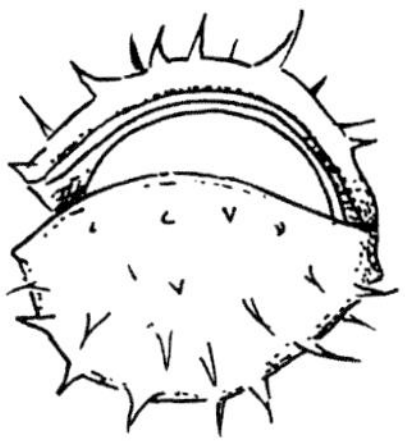

Sch

St

F

B

BVK • Kathrin Zindler: Der Herbst im Anfangsunterricht

Verbinde!

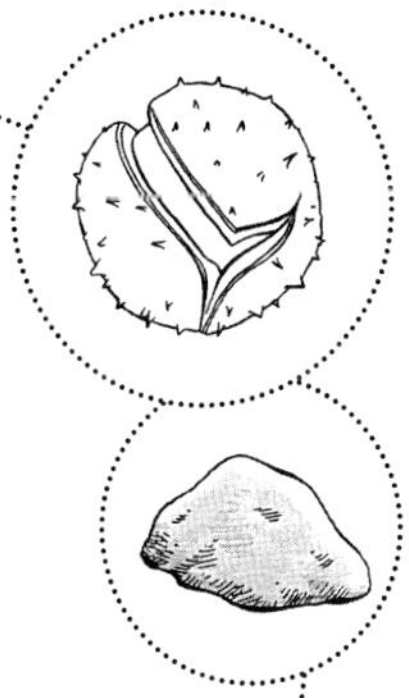

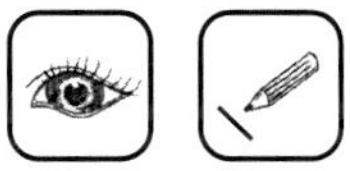

das Blatt

die Schale

die Frucht

der Stachel

der Baum

der Samen

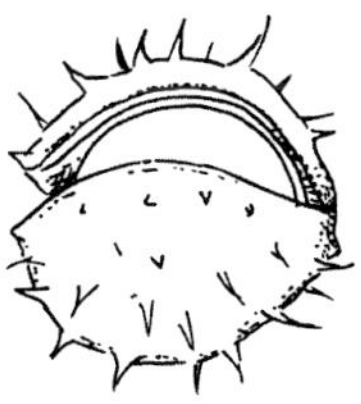

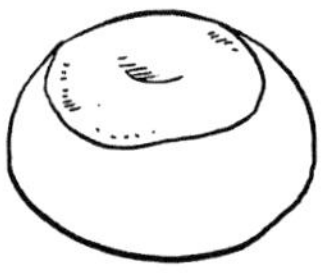

BVK • Kathrin Zindler: Der Herbst im Anfangsunterricht

Was ist das?

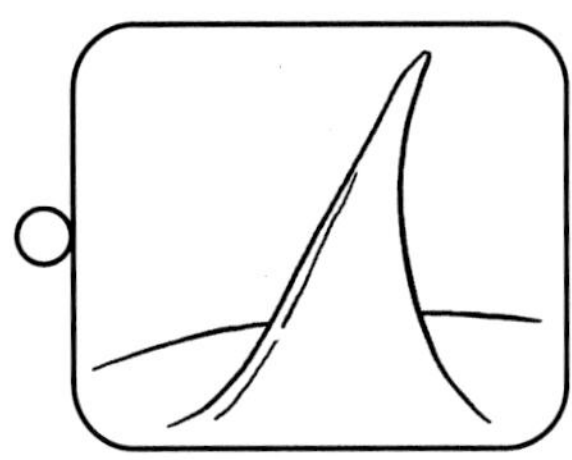

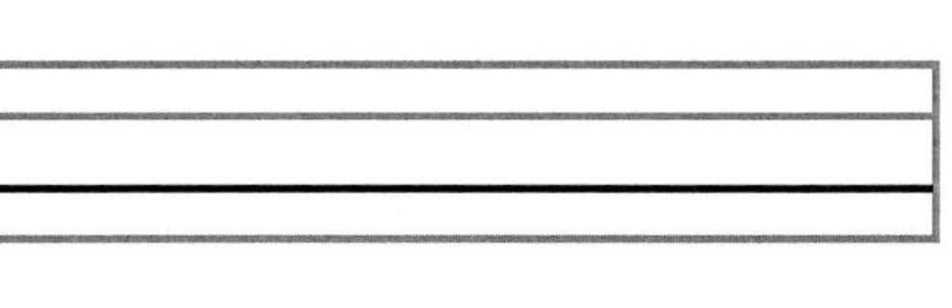

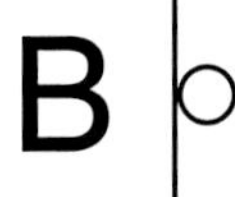

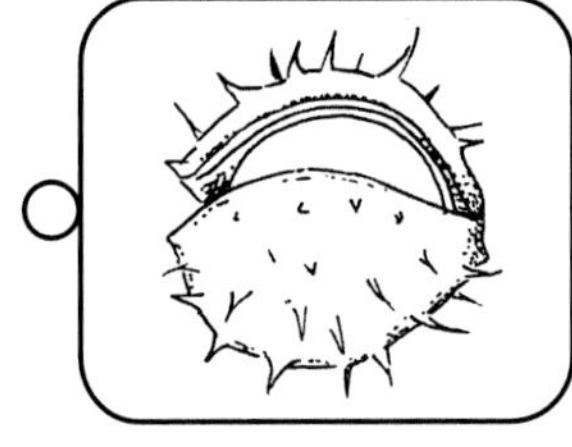

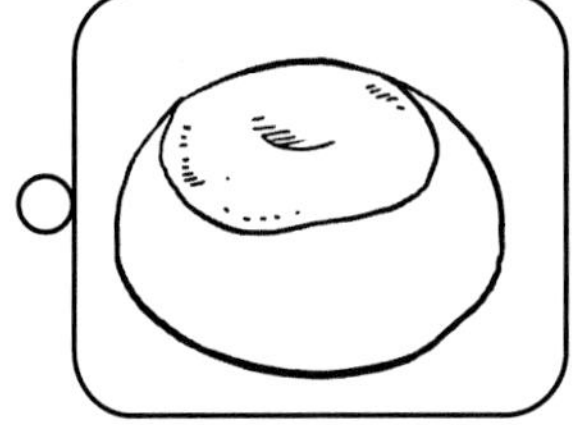
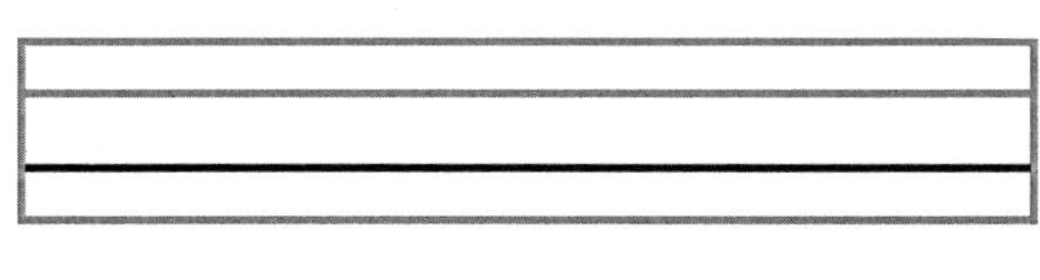

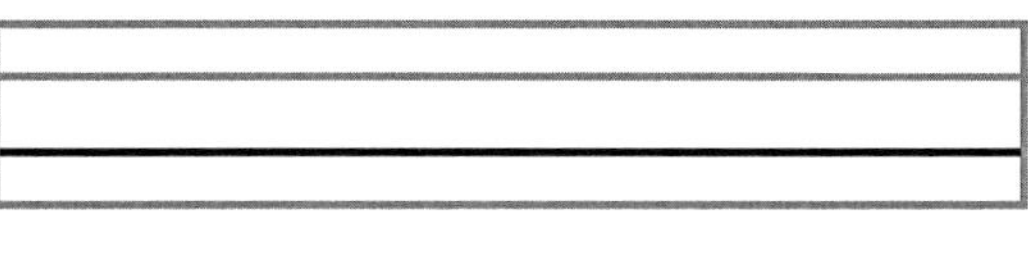

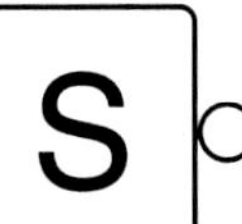

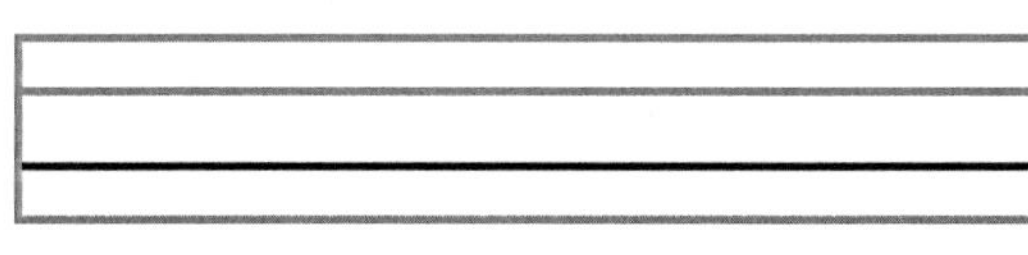

BVK • Kathrin Zindler: Der Herbst im Anfangsunterricht

Was gehört nicht dazu?

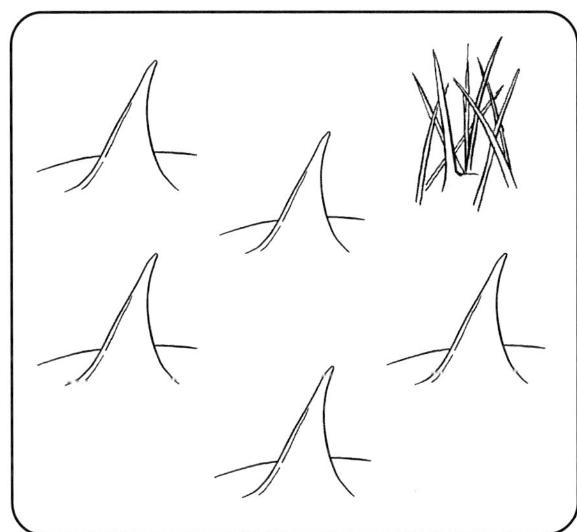

BVK • Kathrin Zindler: Der Herbst im Anfangsunterricht

Höre genau!

	G	Ch	 F	P
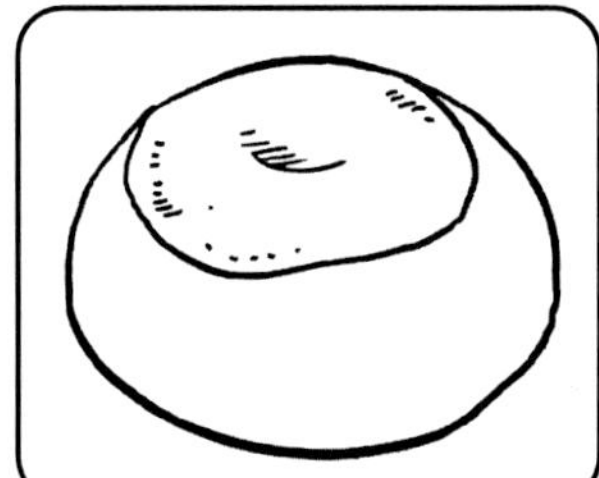	S	F	W	V
	B	P	L	U
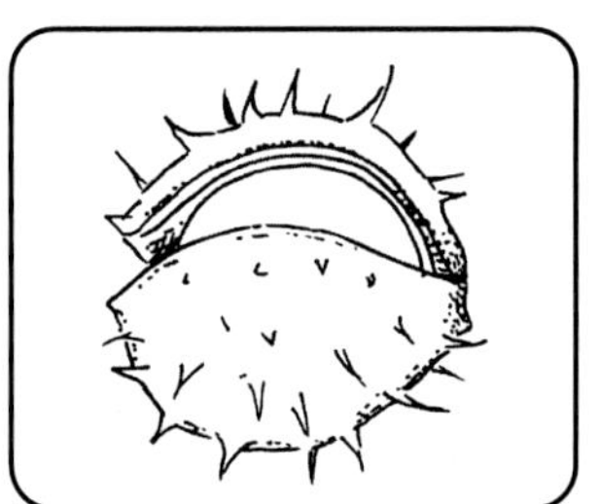	E	U	O	Sch
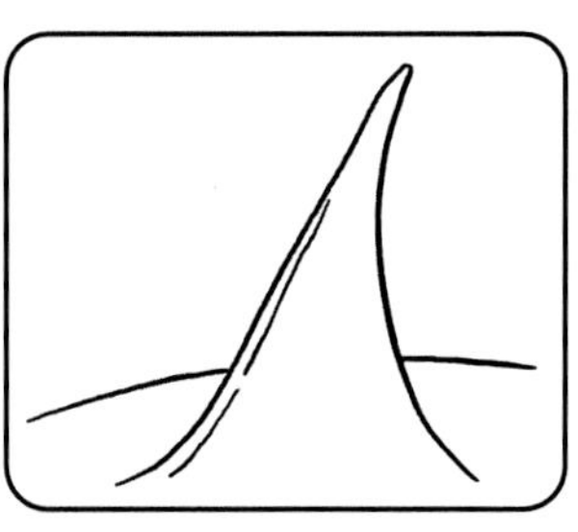	S	St	Sch	C
	W	B	P	T

BVK • Kathrin Zindler: Der Herbst im Anfangsunterricht

Wer bin ich?

der Stachel

BVK • Kathrin Zindler: Der Herbst im Anfangsunterricht

Wörterrätsel

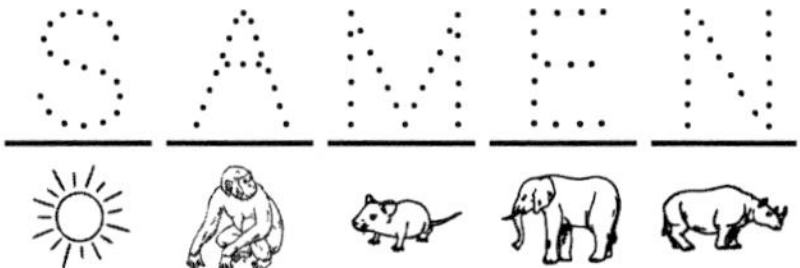

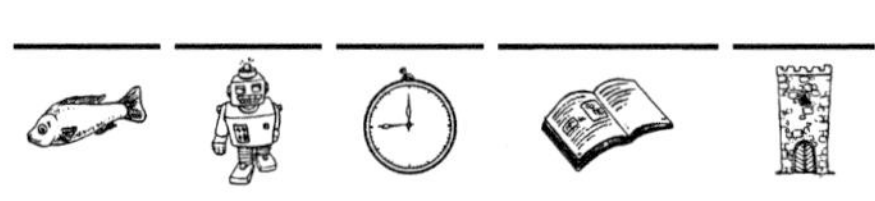

BVK • Kathrin Zindler: Der Herbst im Anfangsunterricht

Themengebiet: Eichhörnchen und Igel im Herbst

L

Lernziel:
Die Schüler lernen das Eichhörnchen und den Igel als typische Vertreter heimischer Tiere kennen, denen man besonders im Herbst begegnet. Sie machen erste Erfahrungen mit deren Vorbereitung auf den Winter (Winterruhe und Winterschlaf), indem sie sich mit ihren Nahrungsgewohnheiten vertraut machen und die entsprechenden Nahrungsquellen (Haselnuss, Walnuss, Eichel, Buchecker, Samen, Schnecke, Regenwurm, Käfer, Spinne, Apfel, Beere) benennen können.

	Art der Aufgabe	Name der Aufgabe	Seite
L	Einstieg	Rätselreime: „Oh nein, oh nein, wer kann ich denn nur sein?“	33
L	Einstieg	Geschichte zum Schaubild: Nahrung von Igel und Eichhörnchen	35
K	Kernaufgabe	Schaubild: Nahrung von Igel und Eichhörnchen	37
K	differenzierte Arbeitsblätter zur Kernaufgabe	Wer frisst was?	38
	fächerübergreifende Arbeitsaufträge	Was gehört nicht dazu?	40
		Verbinde!	41
		Der oder die oder das?	42
		Höre genau!	43
		Partnersuche	44
		Wie heiße ich?	45
		Silbenbögen	46

Einstiegsmöglichkeiten bzw. Spielideen rund um das Thema

Arbeit mit der Kernaufgabe „Schaubild Nahrung von Igel und Eichhörnchen“, S. 37:
Für den Unterricht können Sie in unterschiedlicher Weise mit dem Schaubild verfahren:

Variante 1:
Kopieren Sie bitte das Schaubild auf Folie. Zeigen Sie Ihren Schülern die Folie, auf der zunächst die Nahrungsmittel der Tiere in der Mitte abgedeckt sind. Die Kinder werden mit Sicherheit Igel und Eichhörnchen benennen können. Als stummen Impuls decken Sie danach die Nahrungsmittel auf. Die Erfahrung hat gezeigt, dass zumindest einzelne direkt zugeordnet werden können. Lassen Sie die Schüler nun die Nahrungsmittel mit den entsprechenden Tieren verbinden.

Tipp: Sollten die Kinder die Lösungen nicht wissen, können Sie auch die Geschichte „Der weise Igel erklärt dem Eichhörnchen die Welt“ (S. 35) vorlesen.

Variante 2:
Kopieren Sie das Schaubild ebenfalls auf Folie und zerschneiden Sie es in Einzelteile. Diese Variante beginnt zunächst wie Variante 1, indem Sie anfangs nur die Tierbilder mit den Namen auflegen. Sind die Begriffe geklärt, verteilen Sie die Nahrungsmittel einzeln auf dem OHP um die Tiere herum. Durch Schieben der Einzelteile ordnen die Schüler nun den Tieren die Nahrungsmittel richtig zu.

Variante 3:
Vergrößern Sie das Schaubild und zerschneiden Sie es in Einzelteile (ggf. laminieren und mit Magneten versehen). Diese Variante verläuft wie Variante 2, jedoch mit vergrößerten Abbildungen. Der Vorteil dieser Variante besteht darin, dass die Zuordnungen an der Tafel hängen bleiben und so zur Differenzierung beim Lösen weiterer Aufgaben genutzt werden können.

Themengebiet: Eichhörnchen und Igel im Herbst

L

Als Musterlösung können die bearbeitete Folie oder die zugeordneten, vergrößerten Teile dienen. Diese sollten für alle gut sichtbar sein.

Lösung:
Eichhörnchen: Haselnuss, Walnuss, Eichel, Buchecker, Samen, Apfel, Beere …
Igel: Schnecke, Regenwurm, Käfer, Spinne …
Es wurden typische Nahrungsmittel bei beiden Tieren ausgewählt und auf Überschneidungen bewusst verzichtet. Sie können diese natürlich entsprechend des Leistungsvermögens Ihrer Klasse erweitern. Aus diesem Grund sind bei dem Arbeitsblatt „Wer frisst was?“ (S. 39) zwei leere Felder vorhanden.

Tastschachtel:
Füllen Sie einen Schuhkarton oder einen Fühlsack mit einem Stückchen weichem Stoff und einem Massageball (Igelball). Besprechen Sie mit den Kindern, welche Tiere sich so anfühlen würden, wenn man sie streichelt.

Igelspiel:
Ein Kind wird ausgewählt und spielt den Igel. Befestigen Sie als Zeichen fünf Wäscheklammern an seinem Rücken. Das Kind ist nun der Fänger und soll versuchen, die Mitspielenden zu fangen. Hat der „Igel" ein Kind erwischt, gibt er eine Klammer ab und hängt diese dem gefangenen Kind an den Rücken. Nun wird dieses Kind auch zum Igel. Fängt der „Igel“ mit den ursprünglich fünf Klammern ein weiteres Kind, so erhält dieses ebenfalls eine Klammer, bis alle fünf Klammern verteilt sind. Die fünf „Igel“ sind nun die Fänger. Wer jetzt gefangen wird, setzt sich auf den Boden. Wenn alle Kinder bis auf die Fänger auf dem Boden sitzen, ist das Spiel beendet.

Material: 5 Wäscheklammern

Eichhörnchen-Spiel:
Eichhörnchen verstecken im Herbst Samen, Bucheckern, Haselnüsse, Walnüsse und Eicheln. Welche Strategien gibt es, um diese Vorräte am sichersten zu verstecken? Welche Vor- und Nachteile hat es, die Vorräte auf wenige große Vorratslager oder auf viele kleine Verstecke zu verteilen? Wie kann man sie vor anderen Tieren sicher verstecken? Bei diesem Spiel entwickeln die Kinder entdeckend ihre eigenen Strategien.

Material: 10 Nüsse pro Kind (z. B. Haselnüsse, Walnüsse, Erdnüsse), einen Korb oder eine Kiste

Vorbereitung: Dieses Spiel kann man am besten in der freien Natur (Wald, Park), auf dem Schulhof oder ggf. im Klassenraum spielen. Bitte grenzen Sie dazu für die Kinder einen „Spielraum“ deutlich ab.

Ablauf:
1. Es ist Herbst. Alle Kinder sind Eichhörnchen und verstecken ihre Nüsse in dem abgegrenzten „Spielraum“. Danach treffen Sie sich beim Spielleiter wieder.
2. Der Winter kommt und jedes Eichhörnchen muss die ersten Vorräte wiederfinden. Mindestens zwei Nüsse braucht jedes Kind als Ration für den Dezember. Die Eichhörnchen suchen nun unter Zeitvorgabe die Nüsse, es müssen jedoch nicht die eigenen sein! Die Vorräte werden beim Spielleiter abgegeben und im Korb gesammelt. Wer nicht schnell genug zwei Nüsse abliefert, scheidet als Eichhörnchen aus und wird zur Maus.
3. Der Winter ist lang und besonders kalt. Deshalb benötigen die Eichhörnchen für den Monat Januar drei Nüsse, die sie wieder zum Spielleiter zurückbringen. Diesmal bekommen die verbliebenen Eichhörnchen aber zusätzliche Konkurrenz, denn die Mäuse begeben sich auch auf die Suche nach Nüssen. Eichhörnchen und Mäuse bringen ihre Nüsse anschließend wieder zum Sammelplatz. Auch jetzt scheiden die Eichhörnchen aus, die nicht genug Nüsse gefunden haben und werden ebenfalls zu Mäusen.
4. Das Spiel endet, wenn keine Nüsse mehr gefunden werden.

BVK • Kathrin Zindler: Der Herbst im Anfangsunterricht

Rätselreime: „Oh nein, oh nein, wer kann ich denn nur sein?“ L

Durch die Arbeit mit den Rätselreimen vertiefen die Kinder ihr Wissen zur Unterscheidung von Igel und Eichhörnchen. Kinder reimen gern – weil es so schön klingt und weil Reime so herrlich unsinnig sein können. Reime fördern das Sprachgefühl und damit das Lesen- und Schreibenlernen. Lesen Sie bitte dazu die kurzen Beschreibungen der Tiere vor. Die Kinder sollen überlegen, auf welches Tier die Beschreibung passt.

Mögliche Vorgehensweisen:

1. Heften Sie bitte die Bilder von Eichhörnchen und Igel (S. 37) an die Tafel.
2. Lesen Sie den Reim vor. Am Ende sprechen immer alle Kinder im Chor: „Oh nein, oh nein, wer kann ich denn nur sein?“
3. Die Reihenfolge der Tierrätsel können Sie selbst festlegen.

Rätselreime:

Auf meinem Rücken kannst
du viele Stacheln sehen.
Mit meinen vier kurzen
Beinen kann ich gut
gehen.

Im Herbst sammle ich Eicheln
und Nüsse im Wald.
Die Früchte vergrabe ich,
denn bald ist es
bitterkalt.

Schnecken fresse ich
besonders gern
und halte sie so
aus deinem Garten
fern.

Mit meinem langen Schwanz
nehme ich Schwung,
das hilft mir Sprung
für Sprung.

Bei Gefahr rolle ich mich
zu einer Kugel ein.
Im Herbst fresse ich
alles in meinen
Bauch hinein.

Im Winter ruhe ich mich
in meinem Nest richtig aus.
Zur Futtersuche komme
ich ganz kurz heraus.

BVK • Kathrin Zindler: Der Herbst im Anfangsunterricht

Rätselreime: „Oh nein, oh nein, wer kann ich denn nur sein?“ 

Abends tripple ich durch das Gras,
immer auf der Suche nach einem leckeren Fraß.

Im Winter ruhe ich mich aus und komme nur bei Hunger aus meinem Nest (Kobel) heraus.

Ein Käfer klein und fein,
findet auch in mein Bäuchlein rein.

Haselnuss oder Walnuss ist auf meiner Speisekarte ein Muss!

Ich fresse mir eine dicke Fettschicht an,
von der ich im Winterschlaf leben kann.

Bucheckern und allerlei Samen,
finden Platz in meinem Magen.

Will ich mal gar nicht mehr laufen,
verstecke ich mich in einem Blätterhaufen.

Habe ich endlich eine Nuss entdeckt,
wird sie von mir auch gleich versteckt.

Sollte es mir zu gefährlich sein,
rolle ich mich schnell zu einer Kugel ein.

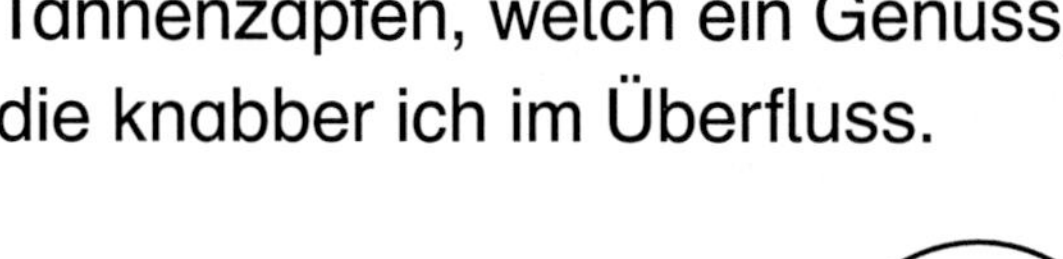

Tannenzapfen, welch ein Genuss,
die knabber ich im Überfluss.

BVK • Kathrin Zindler: Der Herbst im Anfangsunterricht

Geschichte zum Schaubild: Nahrung von Igel und Eichhörnchen

Material: ein Sack (Kiste), evtl. grüner Untergrund, Bilder von Igel und Eichhörnchen (evtl. Plüschtiere oder Spielfiguren)
Zum Befüllen: Haselnüsse, Walnüsse, Eicheln, Bucheckern, Samen, Äpfel, Beeren, Laub, Äste …
Ablauf: Befüllen Sie das Säckchen. Legen Sie vorbereitend den grünen Untergrund auf den Boden im Sitzkreis. Das Eichhörnchen und der Igel können als Bild oder Gegenstand darauf gelegt werden. Dann treffen Sie sich mit den Kindern im Kreis. Zeigen Sie den Kindern das Säckchen und lassen Sie sie das Säckchen befühlen. Erzählen Sie den Kindern dann folgende Geschichte:

Der weise Igel erklärt dem Eichhörnchen die Welt

Der Sommer ist vorbei, die Tage werden wieder kürzer, es ist kühler geworden. Es wird Herbst. Das kleine Eichhörnchen sammelt schon den ganzen Tag Futter für den Winter. Es wird schon langsam dunkel. Auf einer Wiese trifft das Eichhörnchen einen alten Igel.

…

Verweis auf die beiden Tiere am Boden

…

„Hallo, Igel. Dich habe ich hier ja noch nie gesehen!“, ruft das Eichhörnchen.
„Das ist kein Wunder! Ich bin heute früh dran und du spät. Ich bin nämlich erst aktiv, wenn es dunkel wird“, erklärt der weise Igel. „Aber nicht, dass du mir mein Futter klaust!“, ruft das Eichhörnchen ganz entsetzt.
„Was soll ich denn mit deinem Futter? Ich fresse doch ganz andere Dinge als du!“, schmunzelt der Igel.
„Bist du dir da sicher?“, fragt das Eichhörnchen.

…

Impuls für die Lehrkraft: *„Was denkt ihr? Hat der Igel recht?“ Lassen Sie nun die Kinder einzelne Gegenstände aus dem Sack ziehen und überlegen, welches Tier was frisst.*

…

„Natürlich bin ich mir ganz sicher. Wie sollte ich denn eine Haselnuss, eine Walnuss oder Eicheln und Bucheckern öffnen, um sie zu fressen? Ich fresse viel lieber Schnecken, Käfer, Würmer oder Spinnen. Hauptsache schön frisch!“, erklärt der Igel.
„Hm, da hast du recht. Meine Nüsse würdest du nicht öffnen können“, erwidert das Eichhörnchen. Nachdenklich schaut es den Igel an. „Sag einmal, Igel: Ich verstecke meine Nüsse und Samen für den Winter im Boden oder in alten Bäumen. Alle Verstecke kann ich mir gar nicht merken. Oft muss ich dann etwas länger suchen. Wo versteckst du denn deine Beute?“

BVK • Kathrin Zindler: Der Herbst im Anfangsunterricht

Geschichte zum Schaubild: Nahrung von Igel und Eichhörnchen

***Impuls Lehrkraft:** „Wisst ihr, was der Igel mit seiner Beute macht?“*

…

„Ich? Ich verstecke meine Beute doch nicht. Ich fresse alles direkt auf. Ich fresse mir eine dicke, fette Speckschicht an. Den ganzen Winter lebe ich von dieser Fettschicht. Ich schlafe nämlich den Winter durch.“
„Du verschläfst den ganzen Winter?“, will das Eichhörnchen wissen.
„Ja, ich halte Winterschlaf. Erst im Frühling werde ich wieder wach und dann gehe ich direkt auf Futtersuche. Denn im Winter, wenn es draußen kalt ist, finde ich kein frisches Futter. Schnecken, Käfer und Regenwürmer gibt es im Winter auch nicht“, erklärt der weise Igel.
Wieder schaut das Eichhörnchen den Igel nachdenklich an. Bis es auf einmal einen Gedankenblitz hat. „Jetzt verstehe ich das. Da ich keinen Winterschlaf halte und im Winter immer mal wieder wach und hungrig bin, muss ich etwas fressen. Dazu brauche ich Vorräte. Ich verstecke meine Beute als Vorräte!“, sagt das Eichhörnchen.
„Sehr gut. Du hast es verstanden! Ich halte Winterschlaf und du hältst Winterruhe. Ich fresse Käfer, Schnecken, Regenwürmer und Spinnen und du liebst Haselnüsse, Walnüsse, Eicheln, Bucheckern, Samen und Beeren.“

…

Lehrkraft verweist beim Erzählen auf die Gegenstände

…

„Puh, da habe ich heute aber viel gelernt. Ich gehe jetzt schlafen, es ist schon fast dunkel. Danke, lieber Igel!“ sagte das müde Eichhörnchen und sprang schnell davon.

…

***Zusatzimpuls Lehrkraft:** „Habt ihr eine Idee, was in der Natur eigentlich mit den Samen und Nüssen passiert, die das Eichhörnchen nicht wiederfindet?“*

BVK • Kathrin Zindler: Der Herbst im Anfangsunterricht

Nahrung von Igel und Eichhörnchen

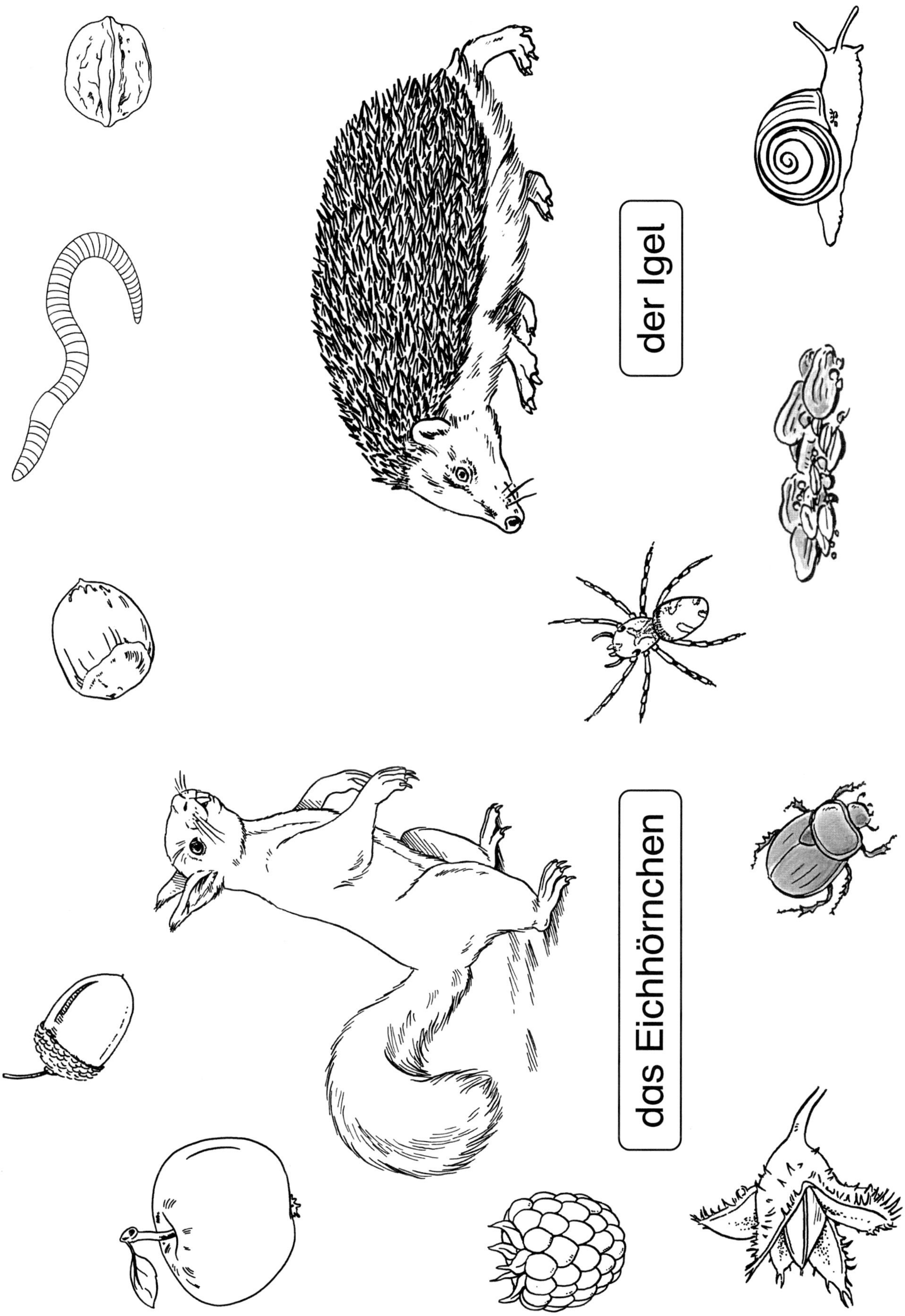

der Igel

das Eichhörnchen

BVK • Kathrin Zindler: Der Herbst im Anfangsunterricht

Wer frisst was?

K

der Igel

das Eichhörnchen

BVK • Kathrin Zindler: Der Herbst im Anfangsunterricht

Wer frisst was?

	Eichel		

Was gehört nicht dazu?

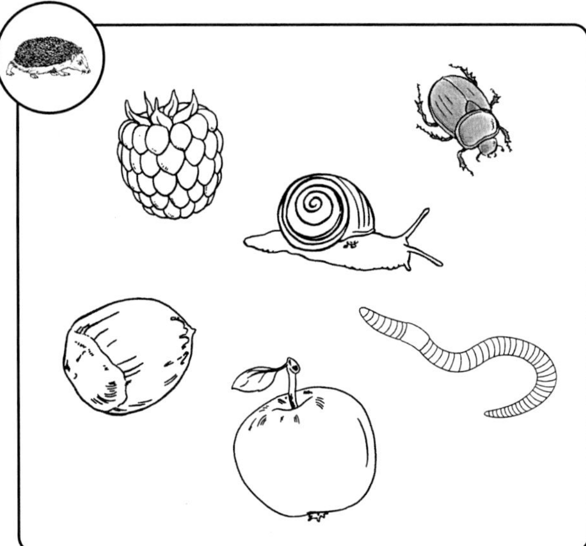

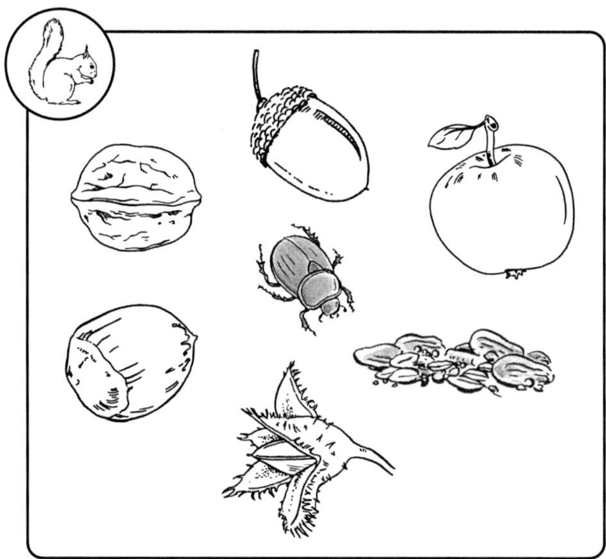

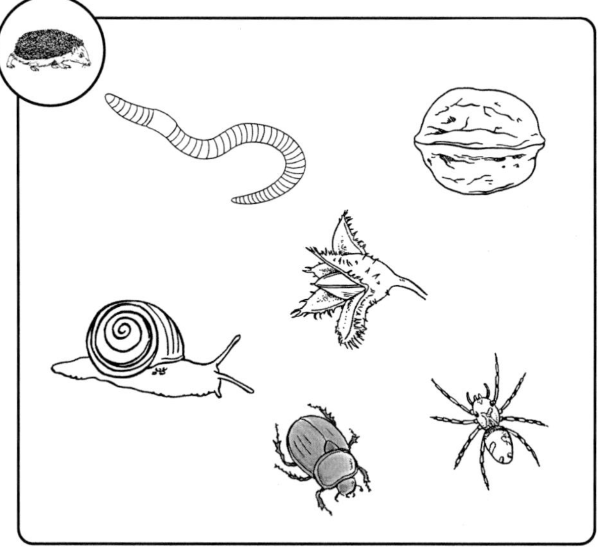

BVK • Kathrin Zindler: Der Herbst im Anfangsunterricht

Verbinde!

A

R

B

B

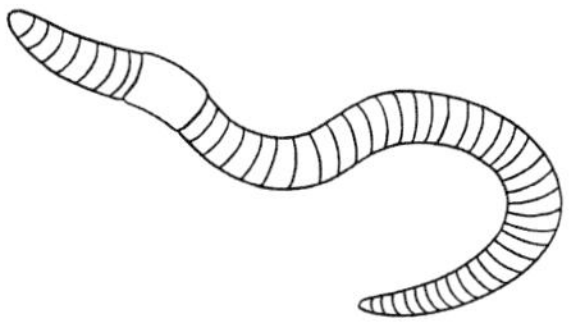

I

W

BVK • Kathrin Zindler: Der Herbst im Anfangsunterricht

Verbinde!

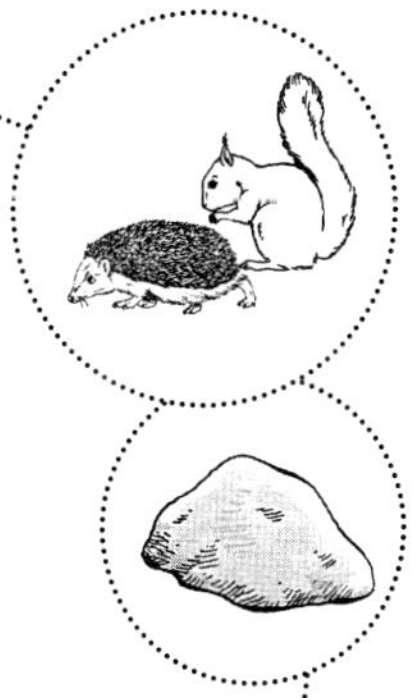

der Käfer

die Haselnuss

die Eichel

die Schnecke

das Eichhörnchen

der Apfel

BVK • Kathrin Zindler: Der Herbst im Anfangsunterricht

Der oder die oder das?

☐ der

☐ die

☐ das

☐ der

☐ die

☐ das

☐ der

☐ die

☐ das

☐ der

☐ die

☐ das

☐ der

☐ die

☐ das

☐ der

☐ die

☐ das

☐ der

☐ die

☐ das

☐ der

☐ die

☐ das

BVK • Kathrin Zindler: Der Herbst im Anfangsunterricht

Höre genau!

	G	 I	H	P
	A	Sch	Ei	Ch
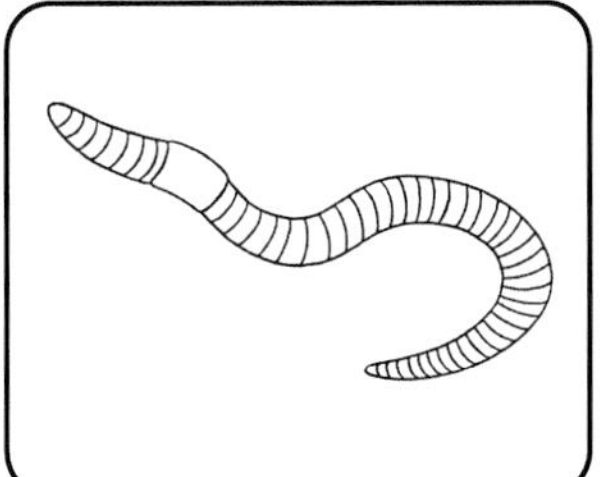	R	P	H	J
	E	V	W	A
	Sch	Z	S	T
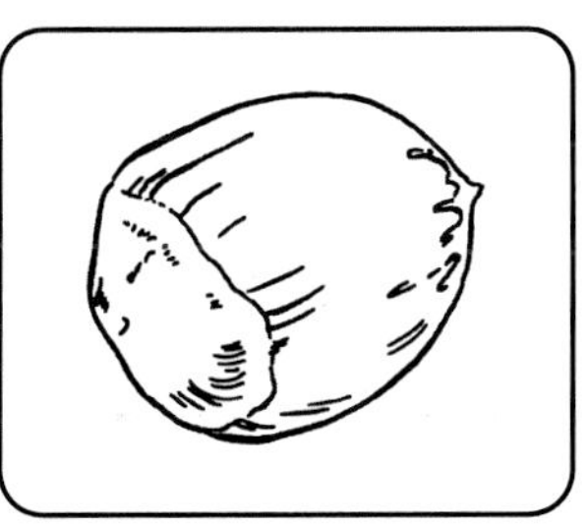	R	W	A	H

BVK • Kathrin Zindler: Der Herbst im Anfangsunterricht

Partnersuche

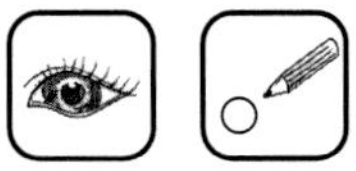

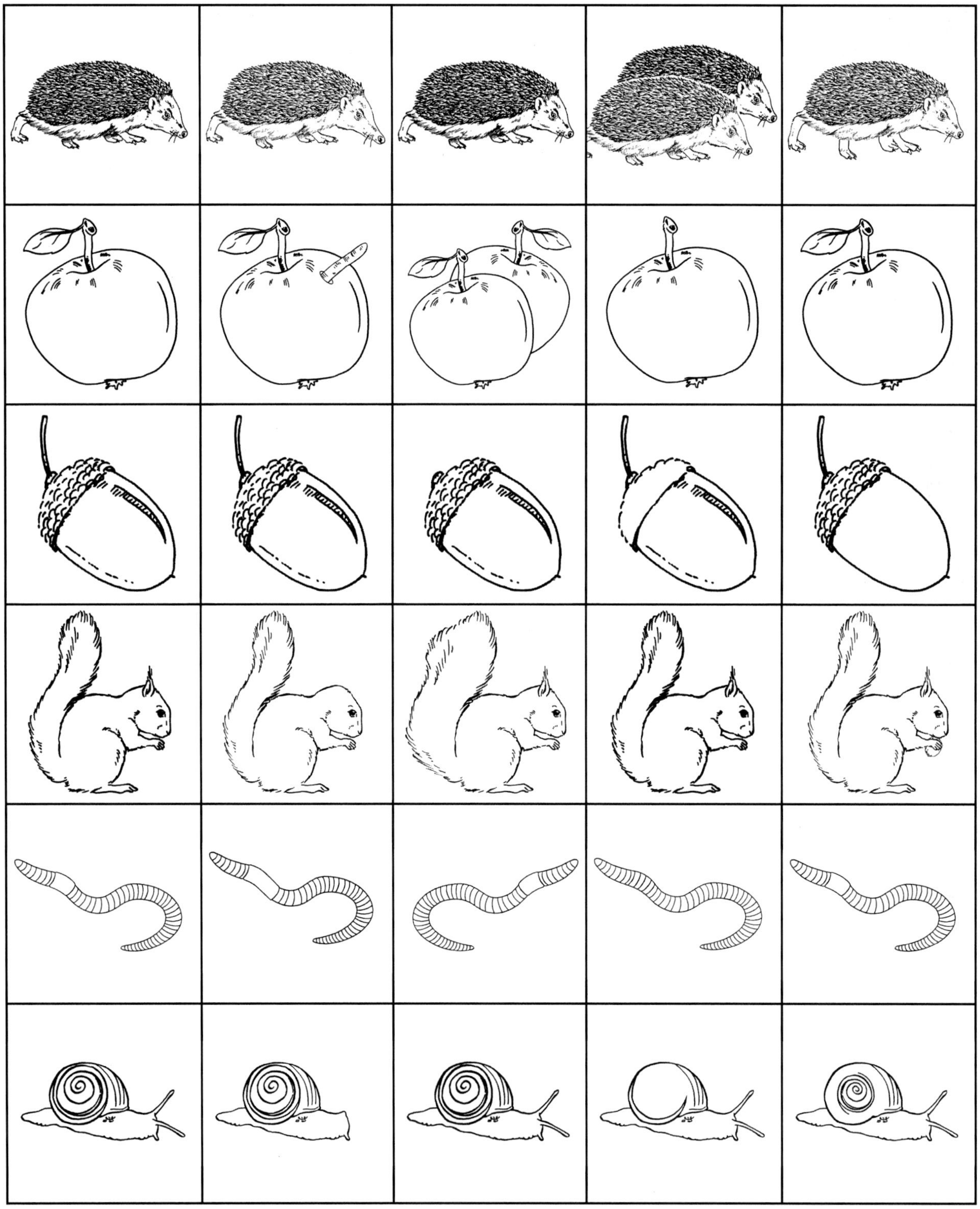

Wie heiße ich?

BVK • Kathrin Zindler: Der Herbst im Anfangsunterricht

Silbenbögen

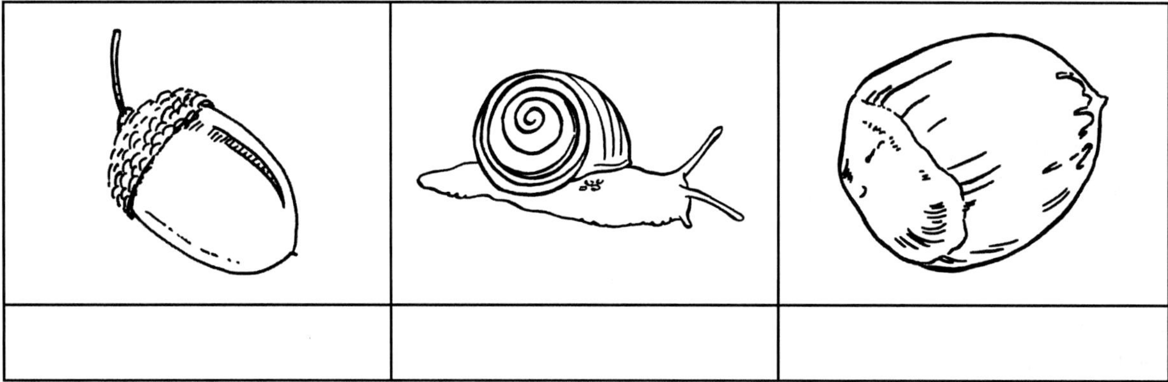

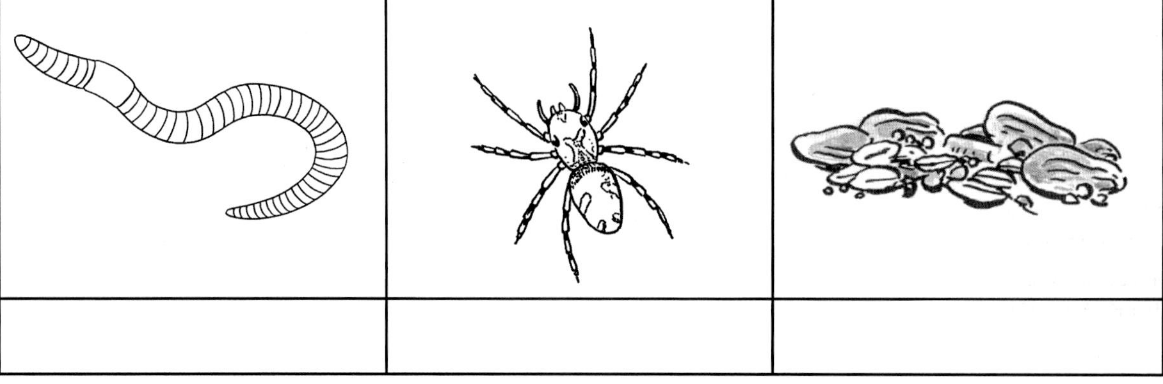

BVK • Kathrin Zindler: Der Herbst im Anfangsunterricht

Themengebiet: Obst und Gemüse im Herbst

Lernziel:
Die Schüler erfahren in Ansätzen den Unterschied zwischen Obst und Gemüse. Sie lernen in diesem Zusammenhang wichtige heimische Obst- und Gemüsesorten und deren Namen (Apfel, Birne, Pflaume, Aprikose, Weintraube, Melone, Möhre, Gurke, Paprika, Kürbis, Mais und Tomate) kennen.

	Art der Aufgabe	Name der Aufgabe	Seite
L	Einstieg	Spiele	48
L	Einstieg	Schulung des Geschmackssinns rund um Obst und Gemüse	49
K	Kernaufgabe	Bildkarten: Obst und Gemüse	51
K	differenzierte Arbeitsblätter zur Kernaufgabe	Was ist was?	53
	fächerübergreifende Arbeitsaufträge	Höre genau!	55
		Silbenbögen	56
		Kreuze an	57
		Wie heiße ich?	58
		Wer bin ich?	59
		Der oder die oder das?	60
		Verbinde!	61

Die Unterscheidung von Obst und Gemüse wird an dieser Stelle über den Zuckergehalt getroffen. Dies ist für die Kinder die leichteste Unterscheidung. Obst ist wegen seines höheren Zuckergehaltes meist süßer als Gemüse. In diesem Heft habe ich die Kartoffel außen vor gelassen, da sie in Deutschland streng genommen nicht zum Gemüse, sondern zu den sogenannten landwirtschaftlichen Kulturen gehört. Es geht mir auch darum, die Kinder an den Geschmack heranzuführen. Da Kartoffeln roh schwer verdaubar sind und das giftige Alkaloid Solanin enthalten, habe ich auf sie verzichtet.

Einstiegsmöglichkeiten bzw. Spielideen rund um das Thema

Ein Korb voller Obst und Gemüse:
Um die Unterscheidung von Obst und Gemüse weiter zu vertiefen, können Sie verschiedene Obst- und Gemüsesorten in einem Korb mit in die Klasse bringen. Die Kinder werden von sich aus bereits die ersten Namen nennen. Fragen Sie Ihre Schüler nach der Unterscheidung von Obst und Gemüse. Nehmen Sie nun eine Frucht aus dem Korb und lassen Sie die Kinder entscheiden, ob es sich um Obst oder Gemüse handelt.

Weitere Idee: Die Kinder suchen in Lebensmittelprospekten Obst- und Gemüsebilder. Sie schneiden diese aus und kleben sie nach Obst und Gemüse sortiert auf. Zusätzlich können sie diese dann noch beschriften.

Ich sehe etwas, was du nicht siehst!:
Eine intensive Beschäftigung mit Obst und Gemüse findet auch durch das Spiel „Ich sehe etwas, was du nicht siehst" statt. Kopieren Sie dazu die Illustrationen von den Seiten 51 und 52 groß. Legen bzw. heften Sie die Abbildungen so hin, dass alle Kinder sie gut sehen können. Nun wird ein Kriterium genannt und alle Mitspieler beginnen zu raten, um was es sich handeln könnte. Mit der Zeit können die Regeln um viele Kriterien erweitert werden.

„Ich sehe etwas, was du nicht siehst ..."

- es ist ein Gemüse.
- es gehört zum Obst.
- es fängt mit einem B an.
- und das ist rot.
- ...

Die Suchaufträge können natürlich auch von den Kindern kommen!

BVK • Kathrin Zindler: Der Herbst im Anfangsunterricht

Themengebiet: Obst und Gemüse im Herbst

Memo-Spiel:
Kopieren Sie die Bildkarten von den Seiten 51 und 52 doppelt auf dickeres Papier oder laminieren sie diese evtl. ein. So können Sie sie als Memo-Spiel für Ihre Schüler nutzen!

Immer 5!, S. 50:
Ziel dieses Knobelspiels ist es, die Obst- und Gemüsekärtchen so zu legen, dass in jeder Reihe (waagerecht, senkrecht, diagonal) jede Sorte nur einmal liegt. Bitte kopieren Sie dazu die Kärtchen unten auf der Seite 50 viermal. Anschließend können die Kinder die Obstsorten blau umranden und die Gemüsesorten gelb.
Lösung: **T**omate, **M**elone, **B**irne, **K**ürbis, **P**aprika

K	M	B	T	P
B	T	K	P	M
T	P	M	B	K
M	B	P	K	T
P	K	T	M	B

Dieses Knobelspiel können Sie auch gemeinsam mit Ihrer Klasse spielen. Dazu sollten Sie die Kärtchen möglichst groß kopieren. Zeichnen Sie dann an die Tafel eine Tabelle mit fünf Zeilen und fünf Spalten. Verteilen Sie die Kärtchen an die Schüler. Sollten es mehr Kärtchen als Kinder sein, heften Sie die übrigen Karten schon einmal in die Tabelle. Sollten Sie mehr als 25 Schüler in der Klasse haben, können einzelne Kinder auch die Einhaltung der Regeln überwachen.

Wer kann sich alles merken?
Legen Sie die Obst- und Gemüsebilder von den Seiten 51 und 52 (evtl. durch weitere Bilder ergänzen) in die Mitte eines Sitzkreises. Die Kinder sollen nun die Augen schließen (**Tipp:** Kinder drehen sich weg.). Nehmen Sie nun ein Bild weg und lassen Sie die Kinder erraten, welches fehlt (Kim-Spiel).

Arbeit mit der Kernaufgabe „Obst und Gemüse", S. 51 / 52:
Sie können auch mit der Kernaufgabe in den gemeinsamen Unterricht einsteigen. Dazu sollten Sie bitte alle Abbildungen der Obst- und Gemüsesorten inklusive der Namenskärtchen (Puzzle) möglichst groß kopieren. Trennen Sie dann in einem zweiten Schritt die Bilder und die Namen voneinander. Heften Sie nun alle Bilder einzeln und alle Namensschildchen unsortiert an die Tafel. Vielen Kindern wird mit Sicherheit der Arbeitsauftrag meist ohne zusätzliche Erklärung (stummer Impuls) deutlich sein. Die Namenskärtchen können von den Kindern, die bereits lesen können, den entsprechenden Bildern zugeordnet werden. Bei der richtigen Zuordnung können den Kindern die unterschiedlichen Schnittmuster helfen.
In einem zweiten Schritt heften Sie bitte die beiden Schilder (das Obst / das Gemüse, s. u.) an die Tafel. Um den Kindern die nachfolgend eigenständige Bearbeitung der Kernaufgaben zu erleichtern, wäre es sinnvoll, den Rand des Obstschildes blau einzufärben und das Gemüseschild gelb. Die Bilder können von den Kindern nun den beiden Schildern zugeordnet werden. In der darauf folgenden Arbeitsphase können die Kinder die differenzierte Kernaufgabe bearbeiten.
Tipp: Als Musterlösung kann das fertige Tafelbild dienen. Die Bilder können auch in den folgenden Stunden zum Einstieg oder zur Vertiefung genutzt werden.

Bitte hochkopieren.

Schulung des Geschmackssinns rund um Obst und Gemüse  

Viele Kinder kennen den Geschmack von Süßigkeiten besser als den unserer heimischen Obst- oder Gemüsesorten. „Probieren geht über Studieren" ist bei den nächsten Aufgaben das Motto. Vielleicht kommen die Kinder sogar auf den Geschmack und entdecken durch das Kosten von verschiedenen, frischen Lebensmitteln gesunde Alternativen zu den Süßigkeiten.

Achtung: Klären Sie bitte vorher, ob etwaige Nahrungsmittelunverträglichkeiten bei den Kindern vorliegen!

Tipp: Bei allen Aufgaben zum Schmecken ist es wichtig, dass die Kinder die Lebensmittel vorher nicht sehen. Hierzu sollten Sie den Kindern am besten die Augen verbinden. Portionieren Sie das Obst- bzw. Gemüse vorher in kleine Stücke und bewahren Sie diese in luftdichten Verpackungen auf, sodass sie sich nicht verfärben. Alle ausgewählten Obstsorten (S. 51 / 52) lassen sich gut portionieren. Bei den Gemüsesorten hat es sich bewährt, Cocktail-Tomaten zu nehmen.

Obst oder doch Gemüse? 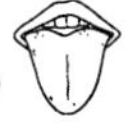

Material: Stücke verschiedener Obst- und Gemüsesorten, Teller, Augenbinde, Bildkarten (S. 51 / 52)

Durchführung: Einem Kind werden die Augen verbunden. Das zweite Kind gibt ihm ein Obst- oder Gemüsestückchen. Das Kind soll erschmecken, ob es sich um Obst oder Gemüse handelt. Dann wird gewechselt.

Tipp: Die Obst- und Gemüseschilder (S. 48) können als Sortierungshilfe ebenfalls von Ihnen bereitgestellt werden.

Zusatzaufgabe: Die Kinder beschreiben das Probierte mit passenden Adjektiven (süß, bitter, scharf ...).

Wer bin ich? 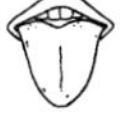

Material: Stücke verschiedener Obst- oder Gemüsesorten, Teller, Augenbinde, Bildkarten (S. 51 / 52)

Durchführung: Einem Kind werden die Augen verbunden. Das zweite Kind gibt ihm ein Obst- oder Gemüsestückchen. Das Kind soll erschmecken, um welches Obst bzw. Gemüse es sich handelt. Dann wird gewechselt. Als Hilfe können die Bildkarten der vorhandenen Obst- und Gemüsesorten gezeigt werden.

Finde den Fehler 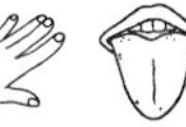

Material: Sack, Teller, Obst- und Gemüsesorten als Ganzes (Fühlen) oder Stücke verschiedener Obst- bzw. Gemüsesorten (Schmecken), Augenbinde, Bildkarten (S. 51 / 52)

Durchführung: In dem Sack / auf dem Teller befinden sich verschiedene Sorten von Obst und Gemüsen. Es liegen entsprechende Bildkarten davor. Jeweils eine Bildkarte ist nicht als Obst oder Gemüse im Sack / auf dem Teller vorhanden. Die Kinder erfühlen / erschmecken die einzelnen Sorten und finden den Fehler.

Finde den Partner 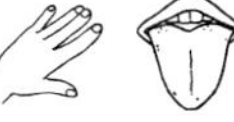

Material: Sack, Teller, Obst- und Gemüsesorten als Ganzes (Fühlen) oder Stücke verschiedener Obst- bzw. Gemüsesorten (Schmecken), Augenbinde, Bildkarten (S. 51 / 52)

Durchführung: In dem Sack / auf einem Teller befinden sich verschiedene Sorten von Obst und Gemüsen. Eine Sorte ist doppelt vorhanden. Die Kinder erfühlen und erschmecken den Partner der einzelnen Sorten.

BVK • Kathrin Zindler: Der Herbst im Anfangsunterricht

Immer 5!

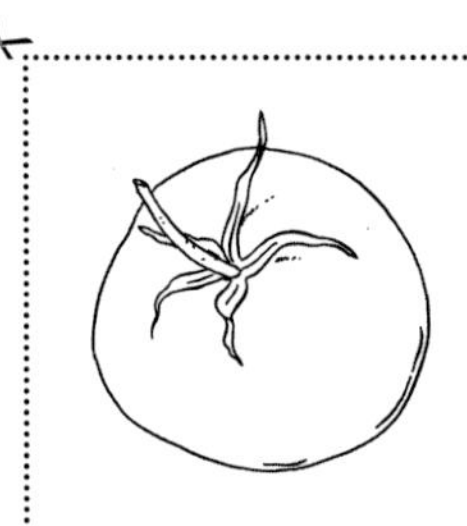  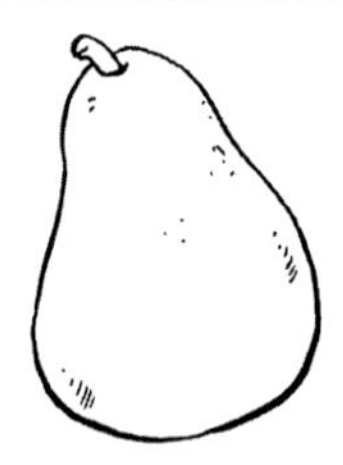 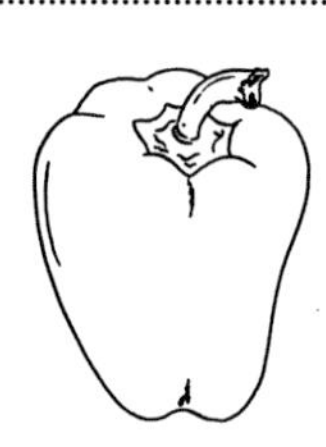 

Bildkarten (1)

K

der Paprika	**die Aprikose**
die Gurke	**der Apfel**
der Mais	**die Weintraube**

BVK • Kathrin Zindler: Der Herbst im Anfangsunterricht

die Tomate	die Melone
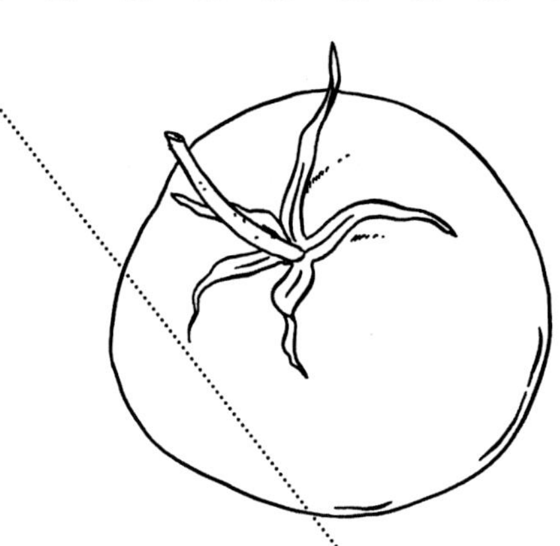	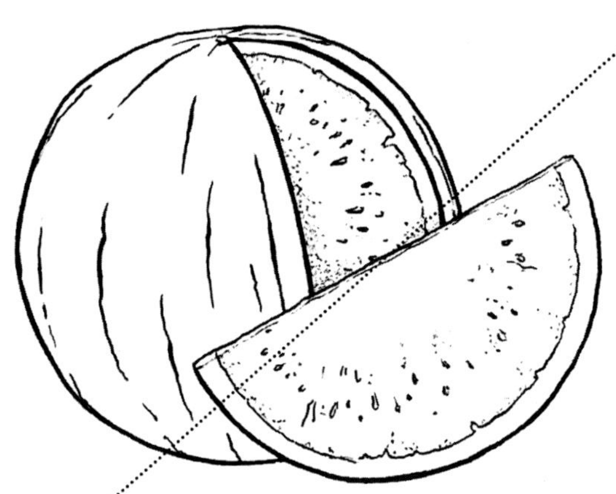
die Möhre	die Pflaume
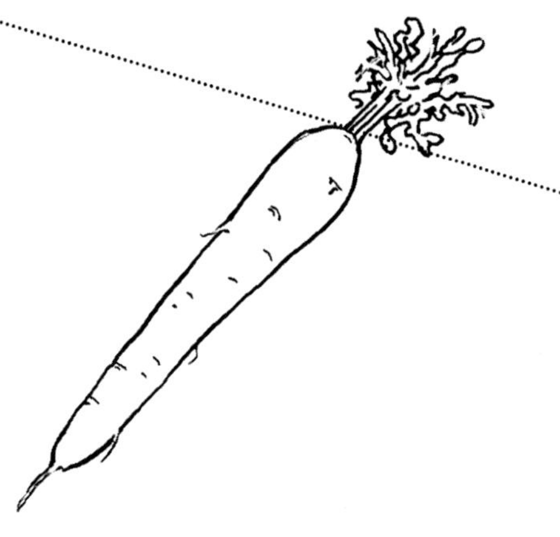	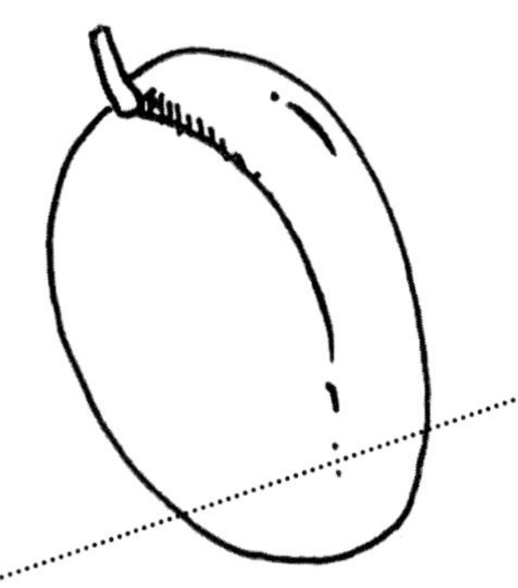
der Kürbis	die Birne
	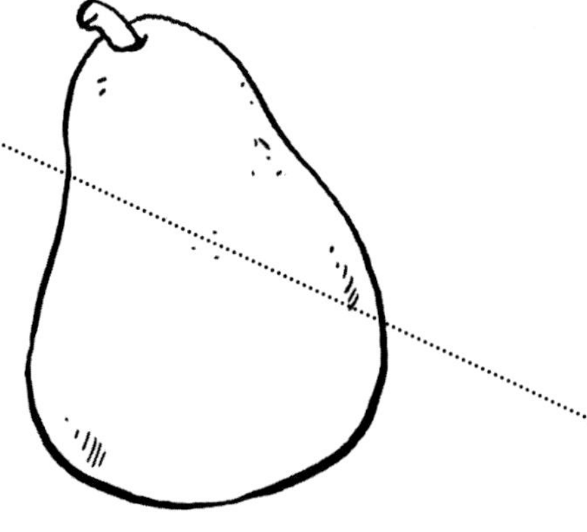

BVK • Kathrin Zindler: Der Herbst im Anfangsunterricht

Was ist was?

K

  blau → Obst gelb → Gemüse

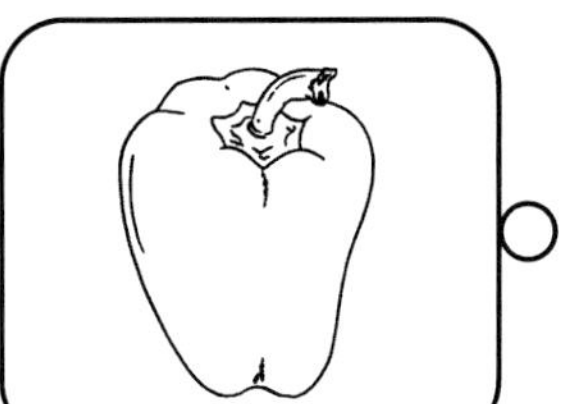

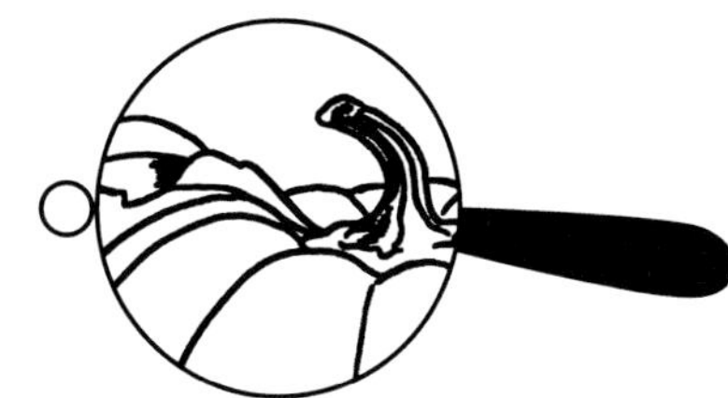

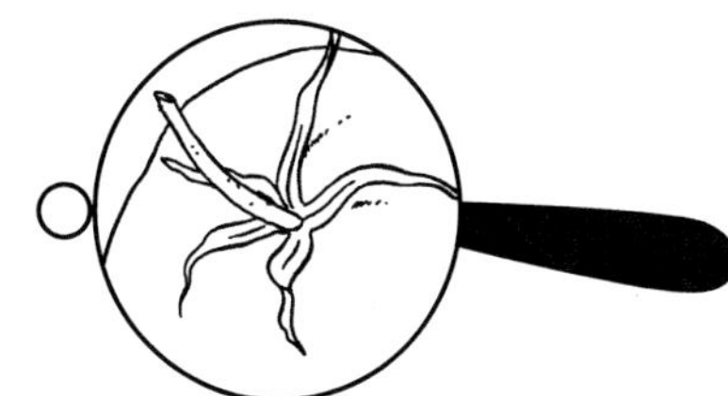

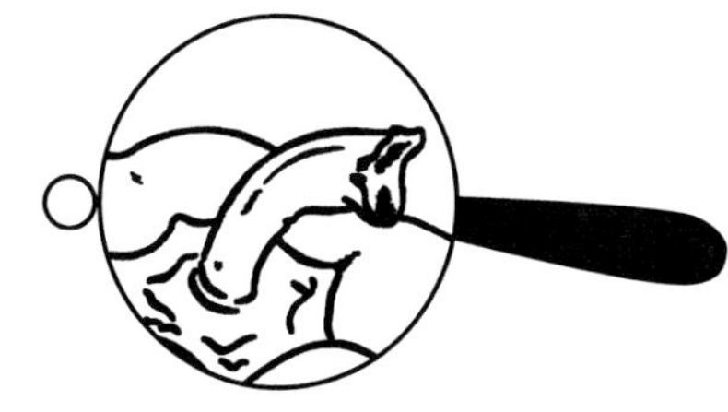

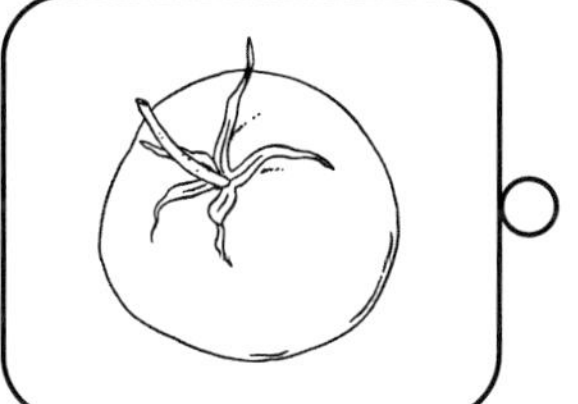

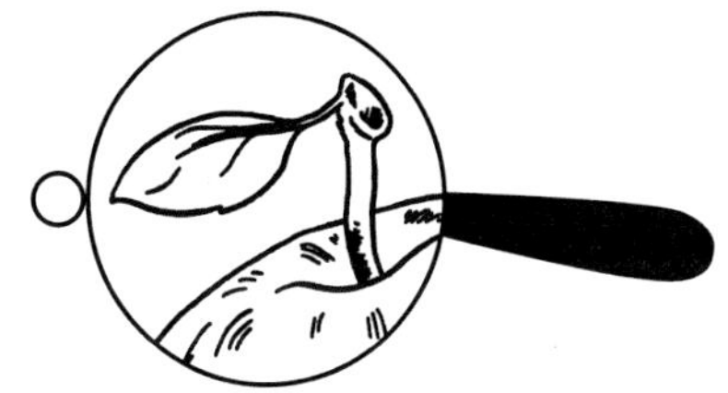

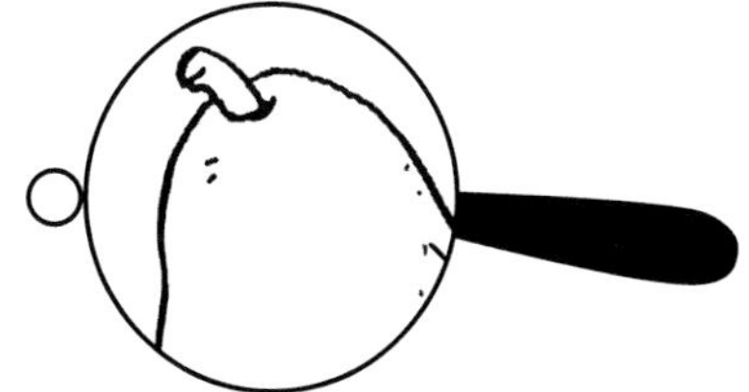

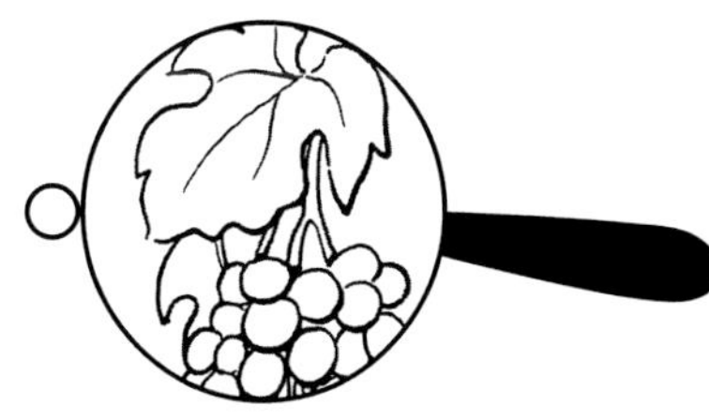

BVK • Katrin Zindler: Der Herbst im Anfangsunterricht

Was ist was?

blau → Obst

gelb → Gemüse

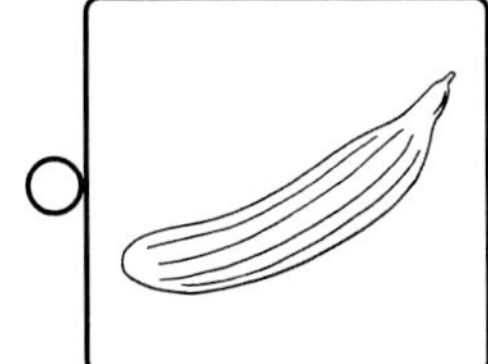

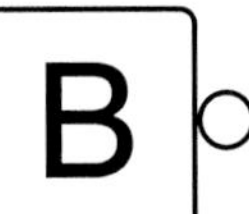

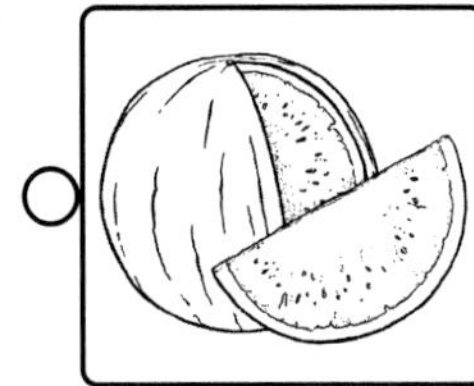

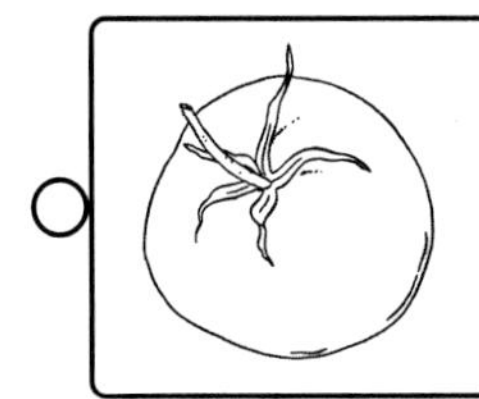

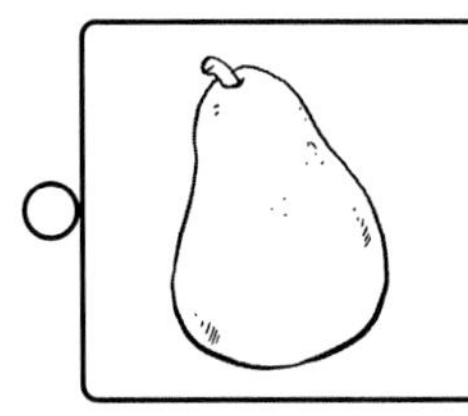

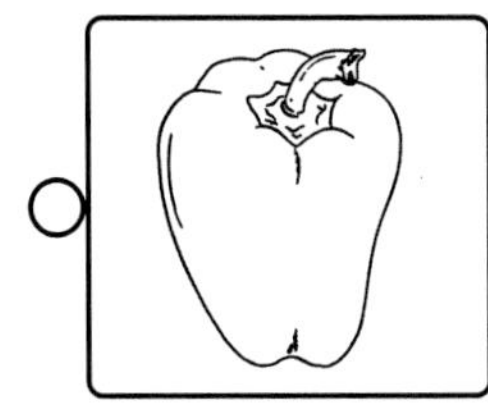

Höre genau!

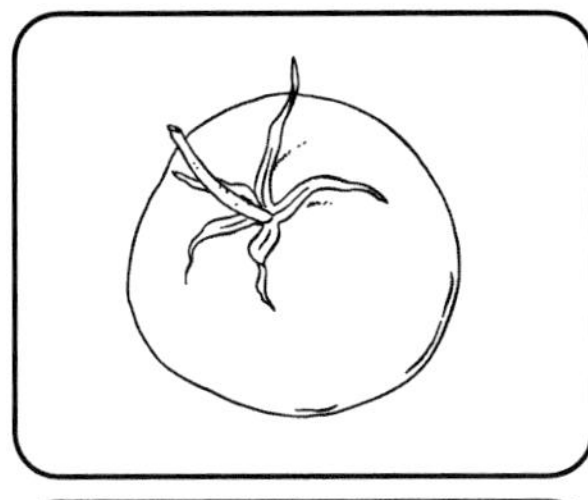  

P T D G

T F W V

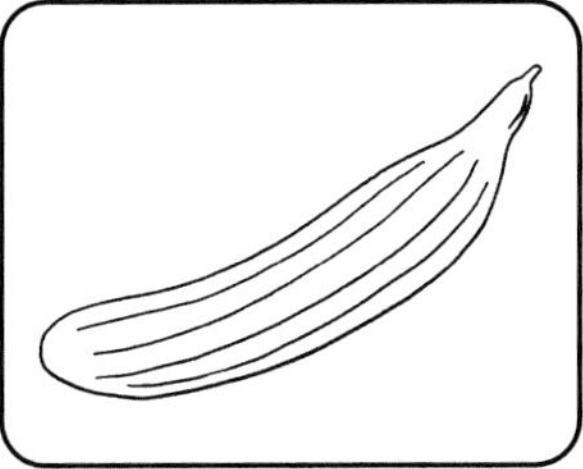

G K Q D

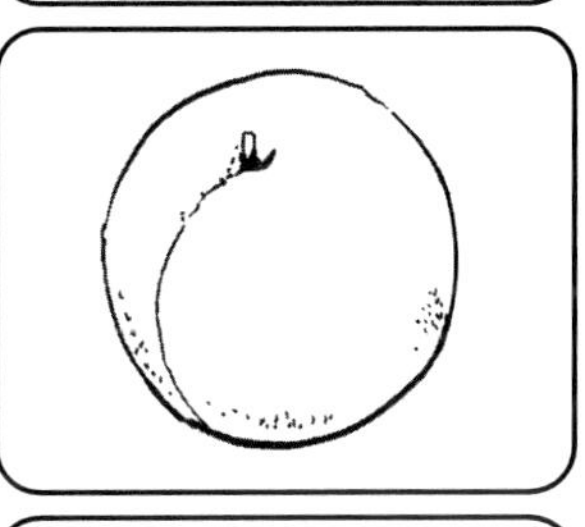

E U A Ä

M B N W

W M B T

F B St Pf

BVK • Kathrin Zindler: Der Herbst im Anfangsunterricht

Silbenbögen

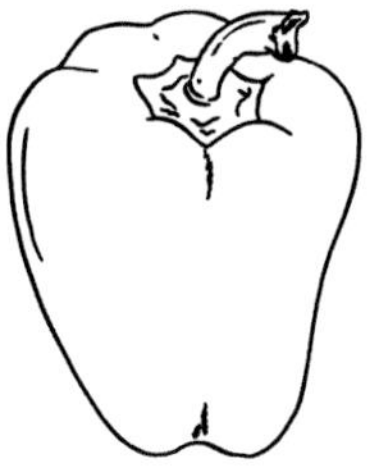

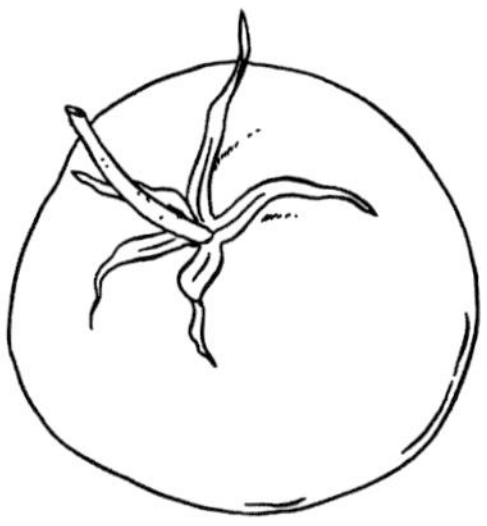

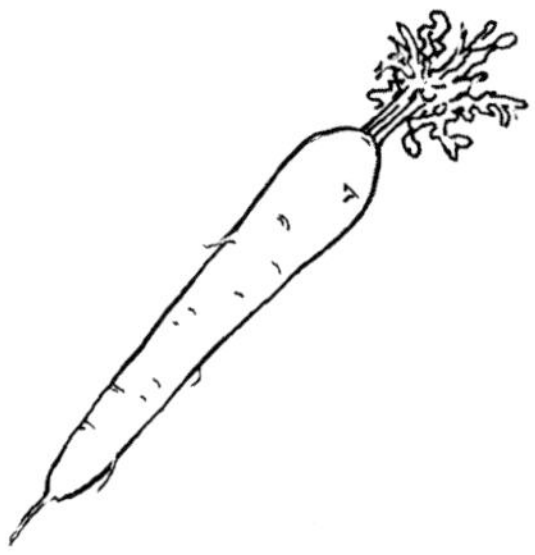

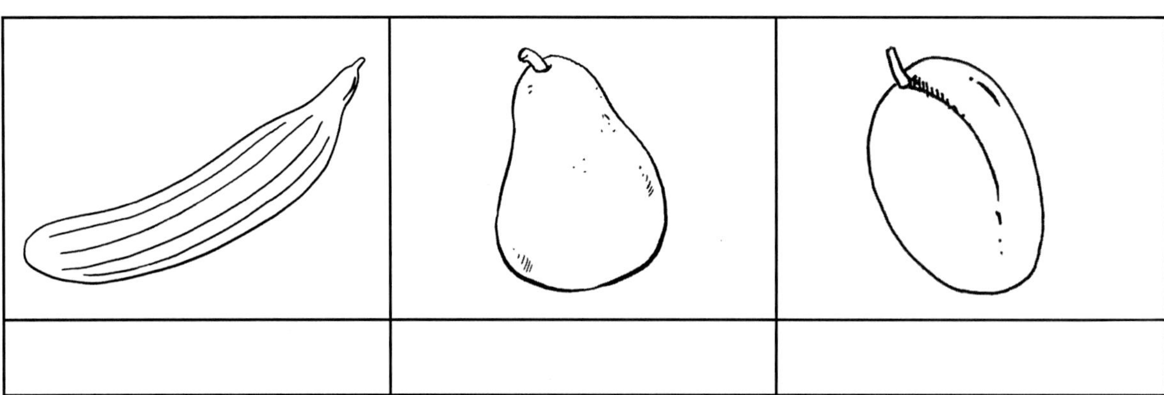

BVK • Kathrin Zindler: Der Herbst im Anfangsunterricht

Kreuze an

☐ Pflaume
☐ Melone
☐ Kürbis

☐ Apfel
☐ Tomate
☐ Zwiebel

☐ Birne
☐ Pflaume
☐ Aprikose

☐ Zwiebel
☐ Gurke
☐ Paprika

Kreuze an

☐ Banane
☐ Birne
☐ Blatt

☐ Melone
☐ Mais
☐ Möhre

☐ Weintraube
☐ Weide
☐ Wiese

☐ Ananas
☐ Aprikose
☐ Apfel

Wie heiße ich?

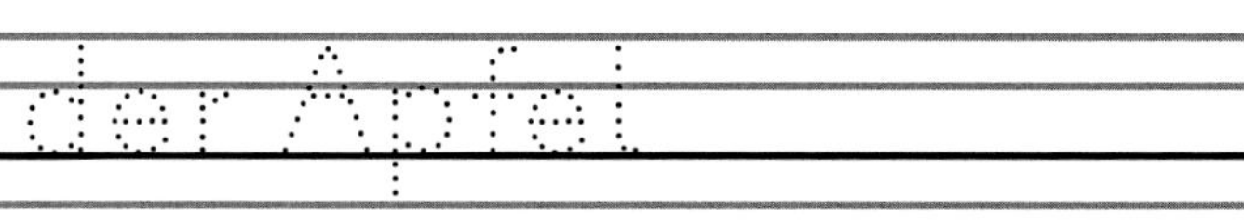

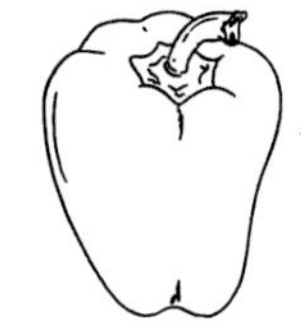

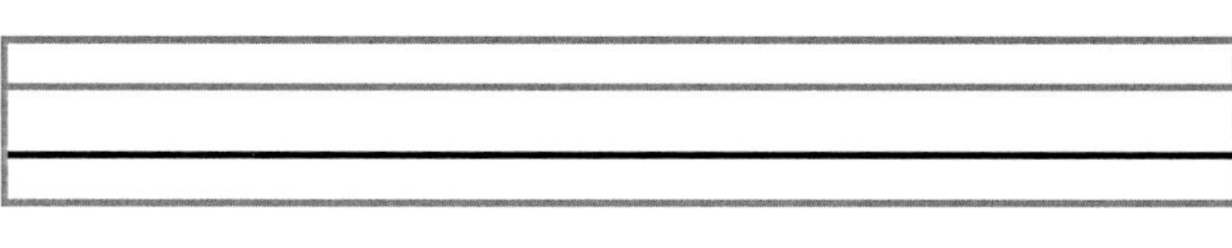

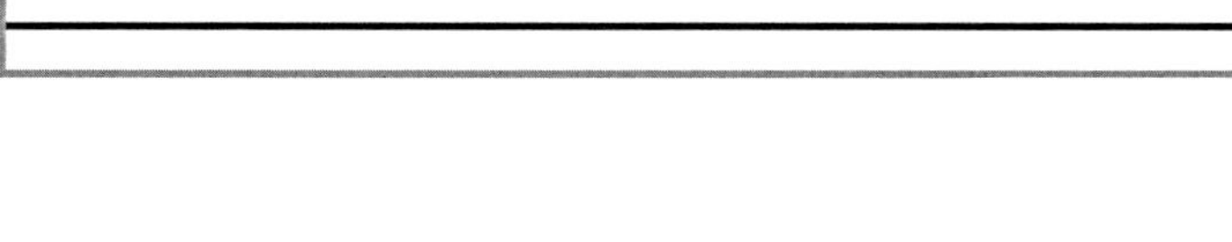

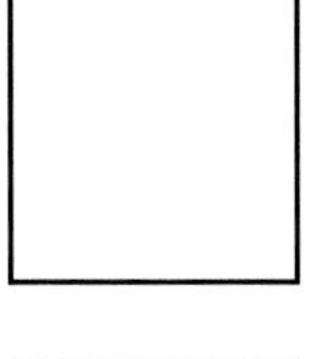

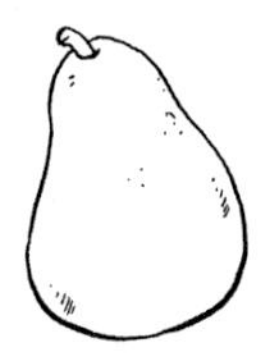

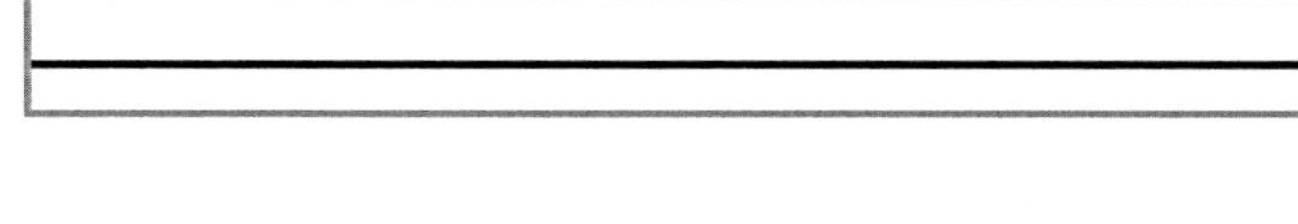

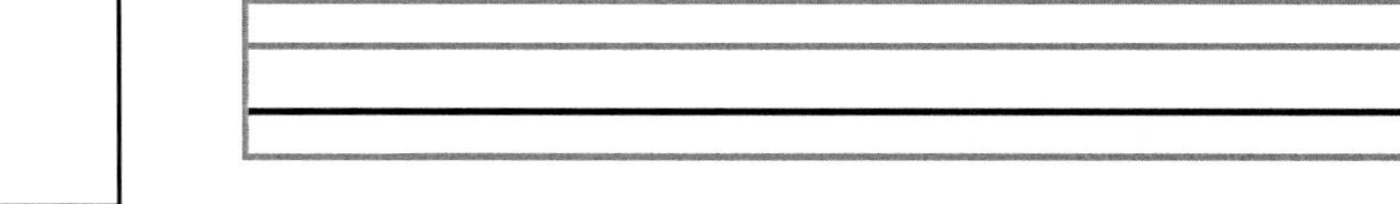

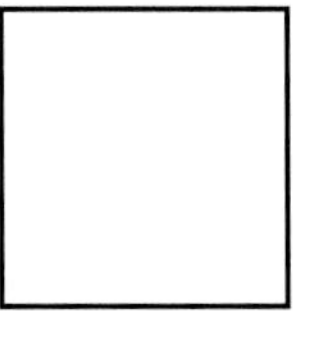

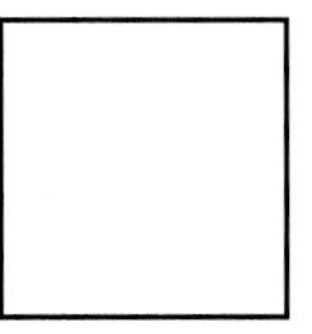
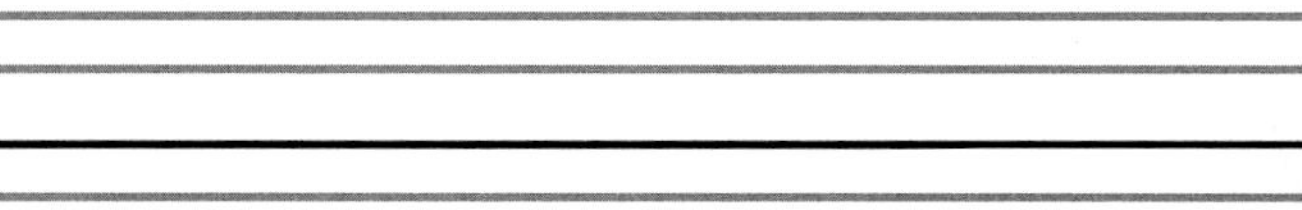

BVK • Kathrin Zindler: Der Herbst im Anfangsunterricht

Wer bin ich?

die Birne

Der oder die oder das?

☐ der

☐ die

☐ das

☐ der

☐ die

☐ das

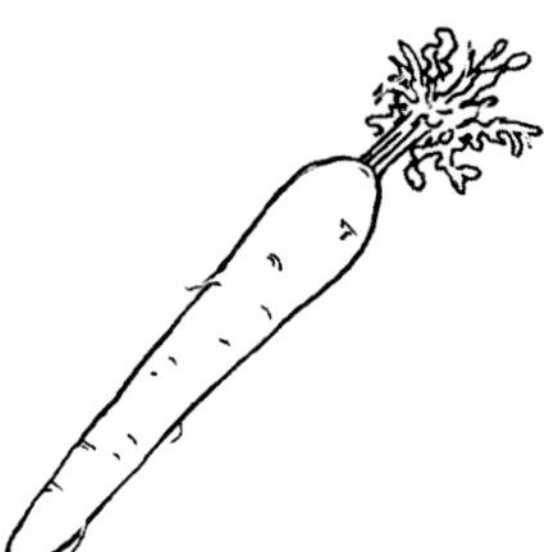

☐ der

☐ die

☐ das

☐ der

☐ die

☐ das

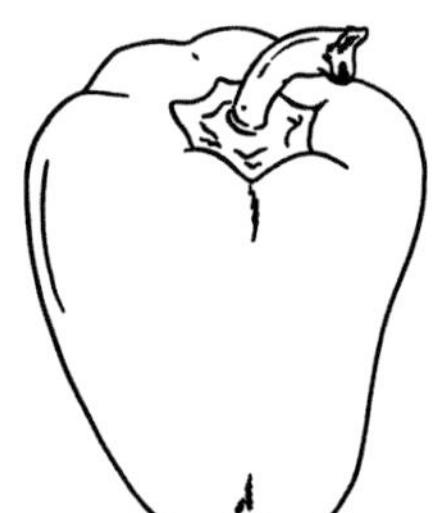

☐ der

☐ die

☐ das

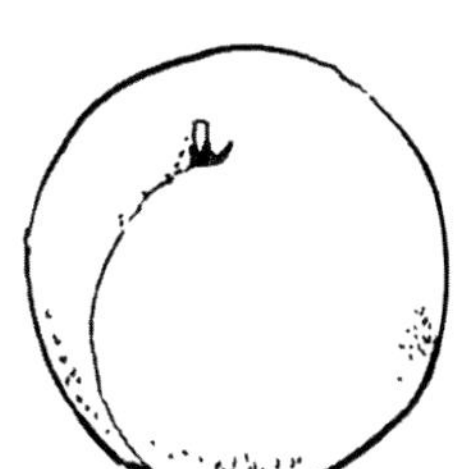

☐ der

☐ die

☐ das

☐ der

☐ die

☐ das

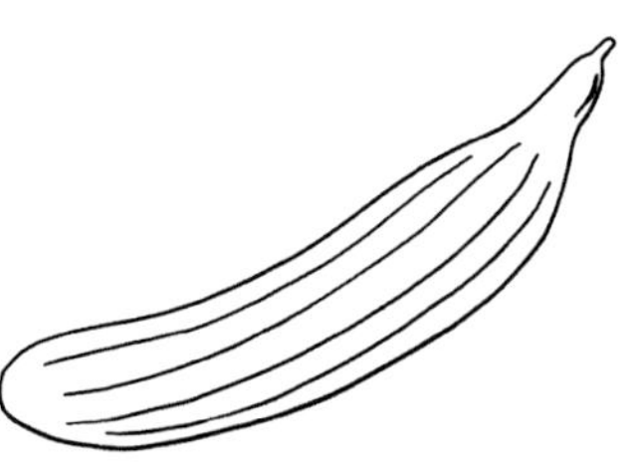

☐ der

☐ die

☐ das

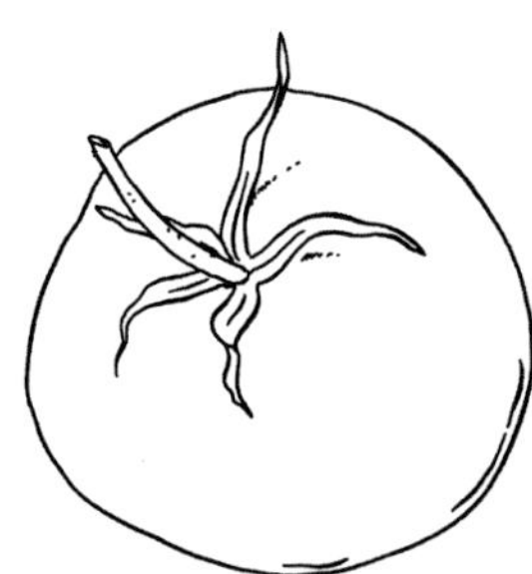

BVK • Kathrin Zindler: Der Herbst im Anfangsunterricht

Verbinde!

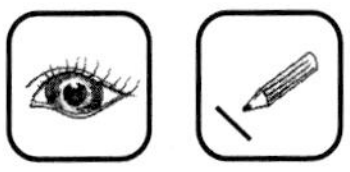

M

G

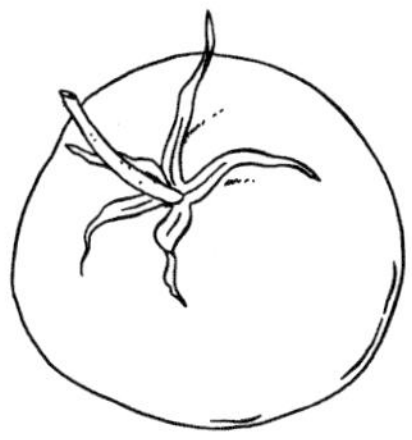

A

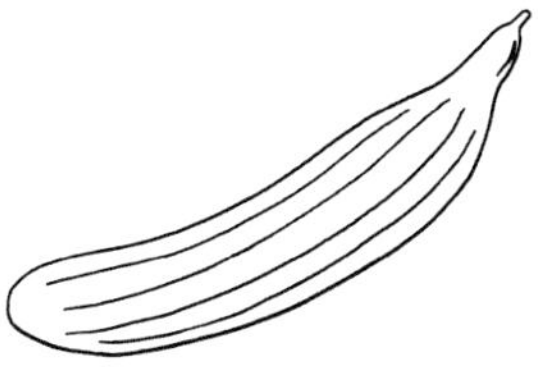

P

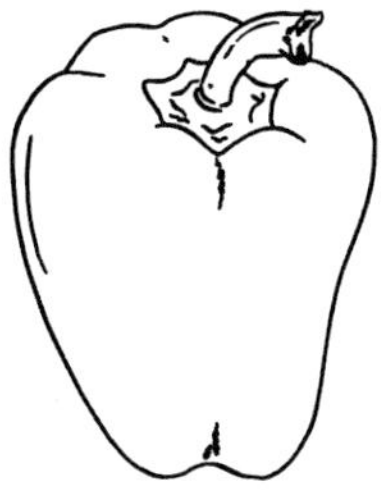

W

T

Verbinde!

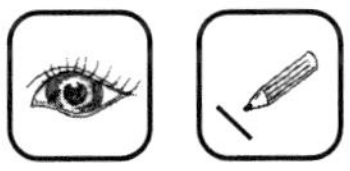

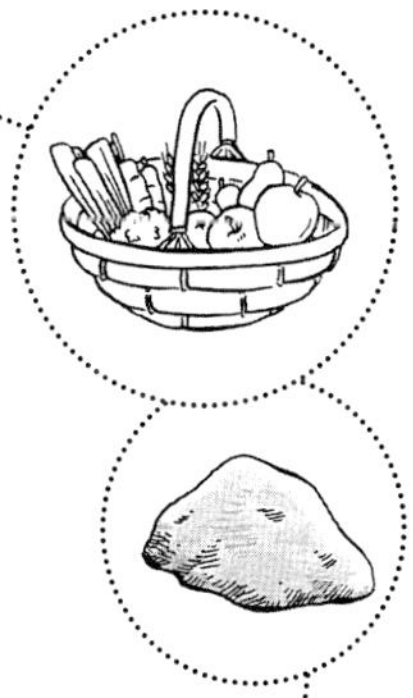

die Aprikose

die Pflaume

die Melone

die Birne

die Möhre

der Kürbis

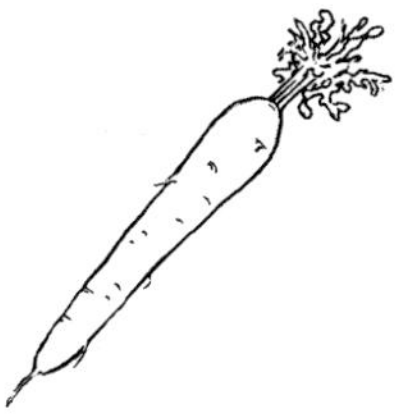

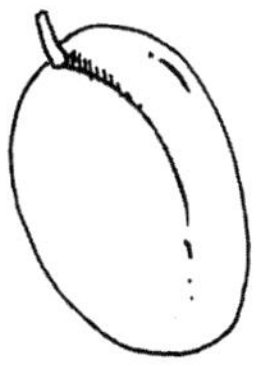

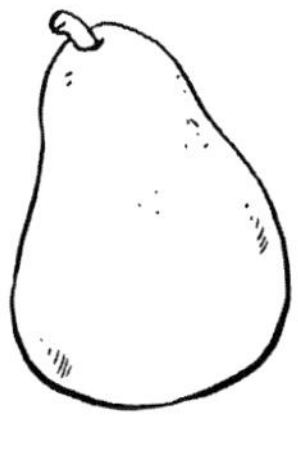

Schreib- / Erzählkartei (1)

 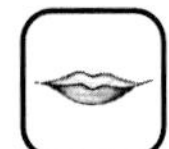

Schreib- / Erzählkartei (2)

   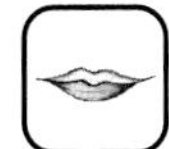

Schreib- / Erzählkartei (3)

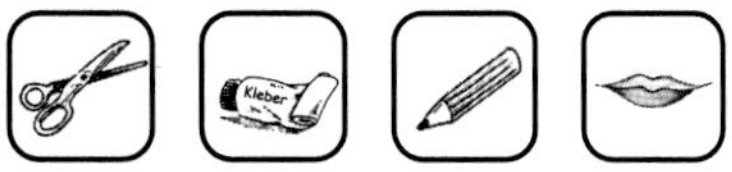

BVK • Kathrin Zindler: Der Herbst im Anfangsunterricht

Blatt-Geist

Du brauchst:

So geht es:

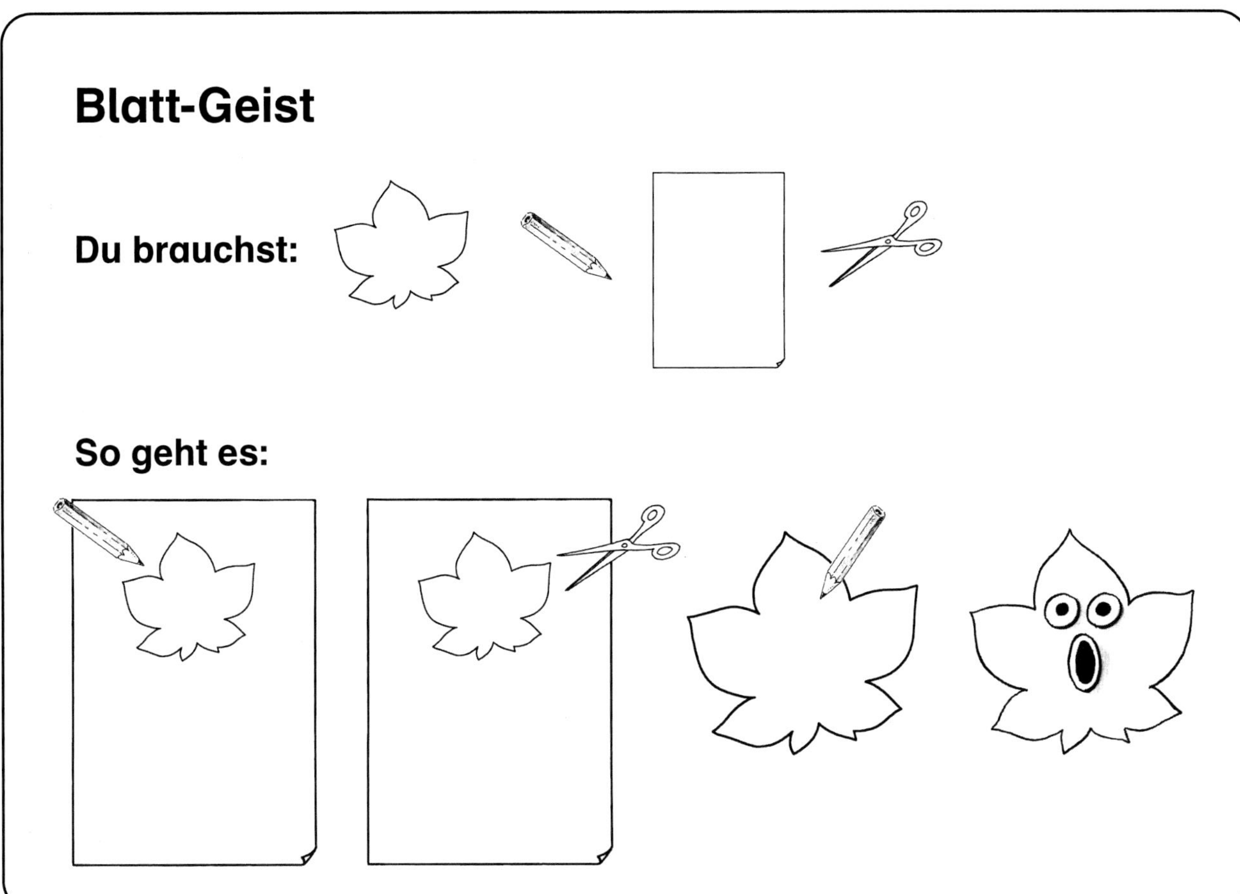

Vorlage

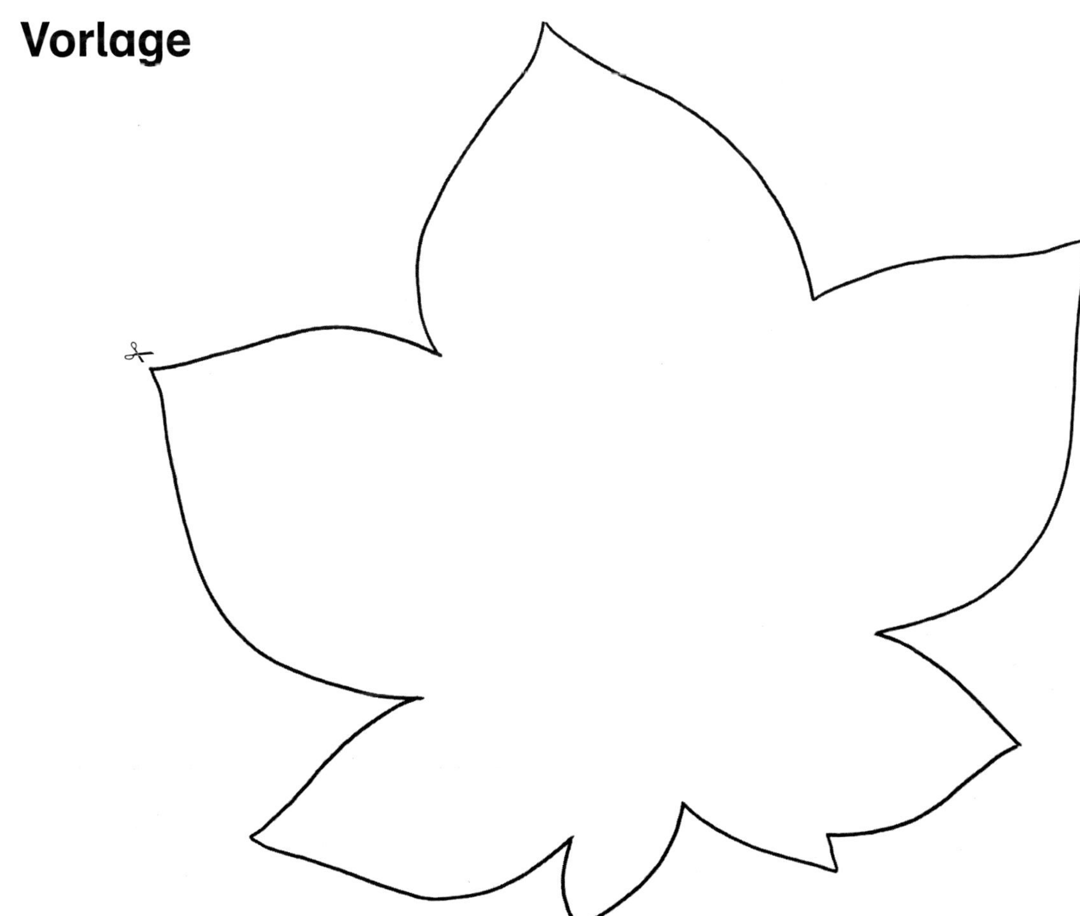

BVK • Kathrin Zindler: Der Herbst im Anfangsunterricht

Kürbis-Monster

Du brauchst:

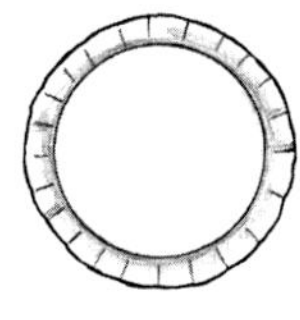
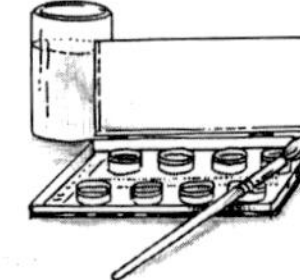

So geht es:

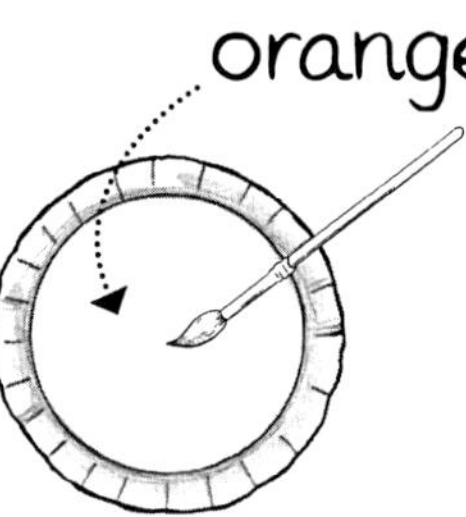

BVK • Kathrin Zindler: Der Herbst im Anfangsunterricht

Regenschirm

Du brauchst:

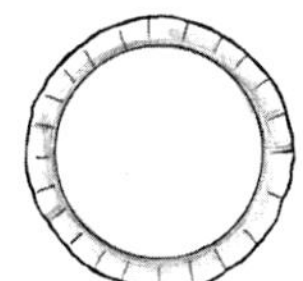

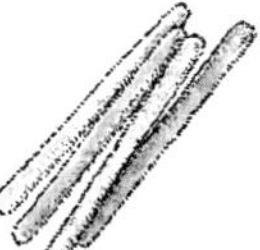

So geht es:

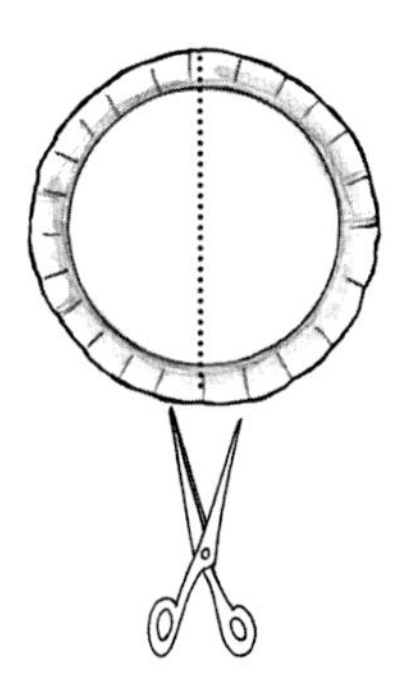
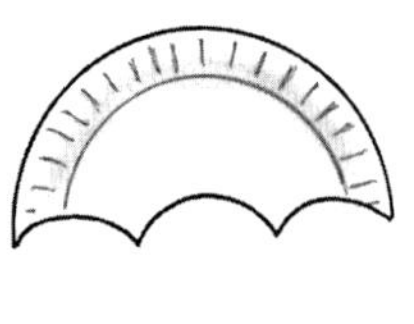

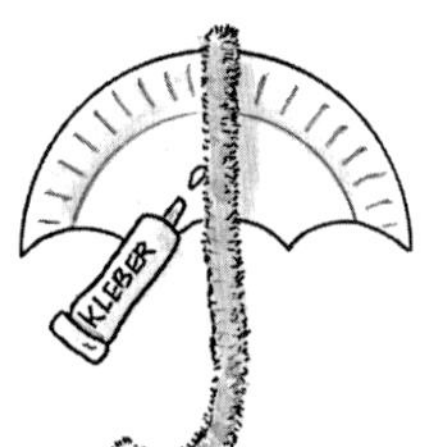

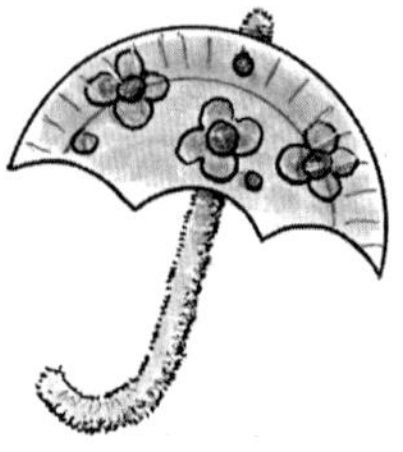

Kastanien-Spinne

Du brauchst:

Kleber

So geht es:

Kastanien-Igel

Du brauchst:

So geht es:

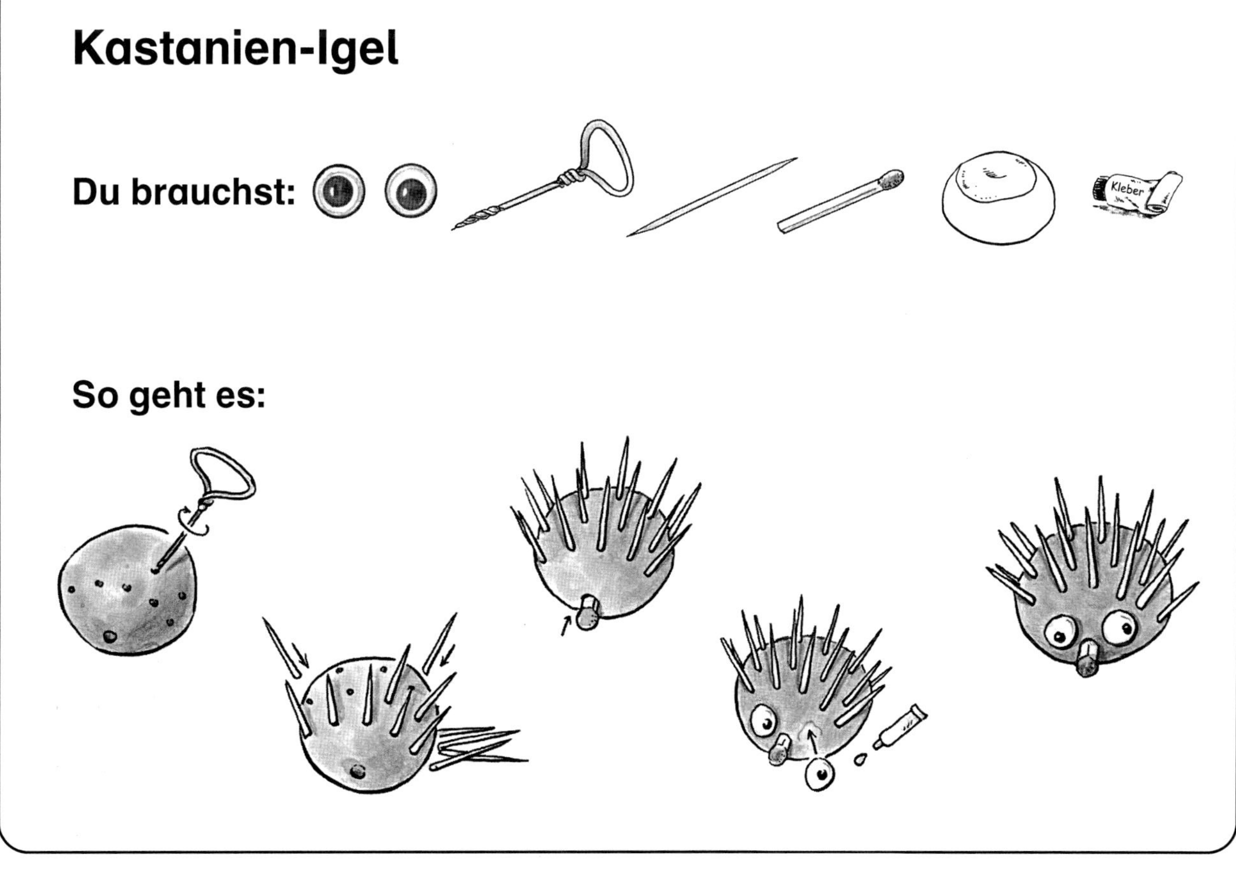

Winddrachen

Du brauchst: 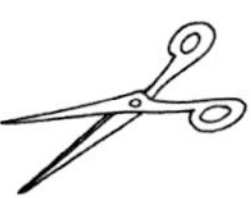    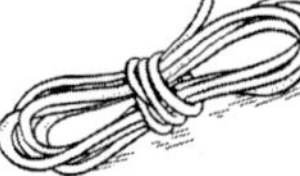

So geht es:

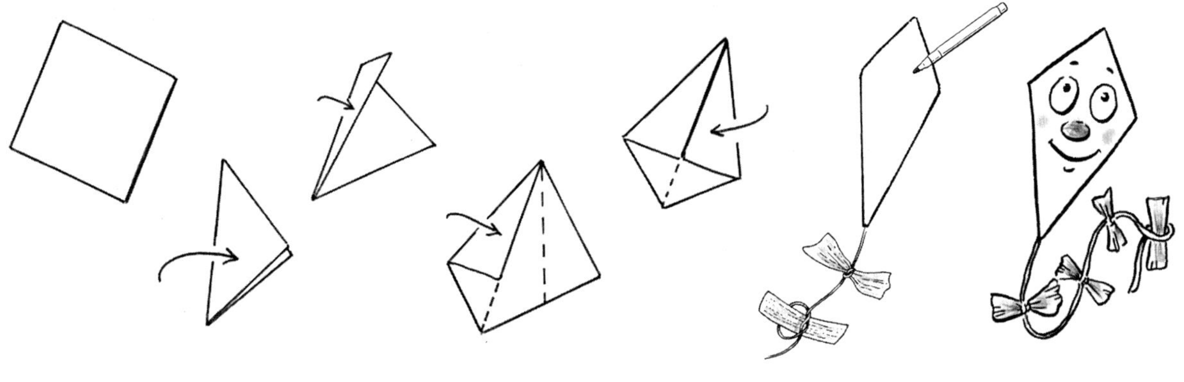

Herbst im Karton

Du brauchst:  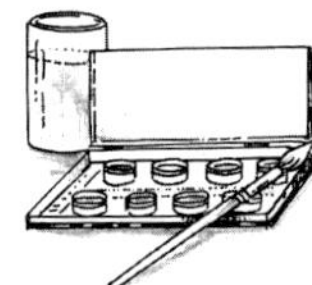 

So geht es:

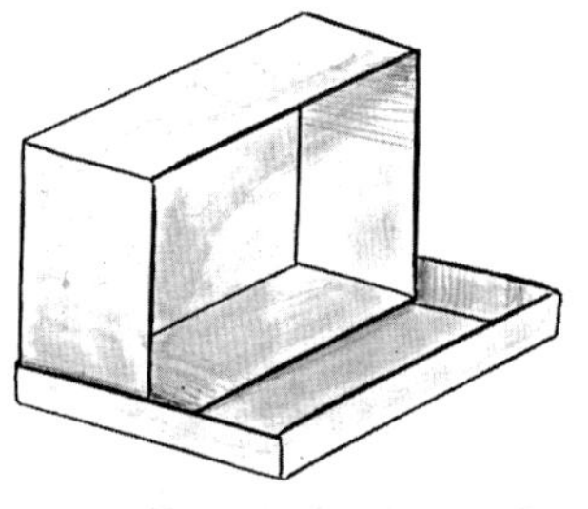   

BVK • Kathrin Zindler: Der Herbst im Anfangsunterricht